JOCHEM SCHÄFER

AF288415

DIE GEDANKEN EINES KOMPARSEN:

DIE VOLKSREPUBLIK CHINA
UND IHRE WACHSENDE BEDEUTUNG
IN DER WELT

2009

M.-G. SCHMITZ-VERLAG, NORDSTRAND/NORDSEE

Abbildung auf der vorderen Umschlagseite:
Eine Olympiade-Komposition
auf dem Platz des Himmlischen Friedens

Bibliografische Information der Deutschen Nationalbibliothek:
Die Deutsche Nationalbibliothek verzeichnet diese Publikation
in der Deutschen Nationalbibliografie; detaillierte bibliografische Daten sind im Internet über http://dnb.d-nb.de abrufbar.
ISBN 978-3-8423-5261-2

Das Werk einschließlich aller seiner Teile ist urheberrechtlich
geschützt. Herstellung und Verlag:
Books on Demand GmbH, Norderstedt.

Copyright 2009 by M.-G. Schmitz-Verlag, Pressebüro,
Versand-Buchhandlung und –Antiquariat
Herrendeich 5, 25845 Nordstrand/Nordsee
Tel. 04842 900215 / Fax 04842 900220 / Mobil 0171 8367729

e-mail: schmitz-text-und-buch@gmx.de
http://www.schmitz-verlag.de

Wir gingen wieder in den Garten und ich spannte den Bogen. „Nun wohin?" sagte Goethe. Ich dächte, erst einmal in die Luft, erwiderte ich. „Nur zu!" sagte Goethe. Ich schoß hoch gegen die sonnigen Wolken in blauer Luft. Der Pfeil hielt sich gut, dann bog er sich und sauste wieder herab und fuhr in die Erde. „Nun lassen Sie mich einmal", sagte Goethe. Ich war glücklich, daß er auch schießen wollte.

Aus Johann Peter Eckermann:
Gespräche mit Goethe, Dritter Teil
1. Mai 1825

Inhalt

4

1. Editorial

Die Schlagzeilen der Weltpresse kennen neben den internationalen Unruheherden und einer verantwortlichen Klimapolitik praktisch nur noch ein Thema: Die Weltfinanzkrise und ihre Bewältigung. Ausgerechnet ein kommunistisches Land, die Volksrepublik China, wird dabei immer wieder als Hoffnungsträger genannt und mit Lösungsansätzen für eine stabilere und gerechtere Weltwirtschaftsordnung in Verbindung gebracht. Die rasante wirtschaftliche Entwicklung der vergangenen Jahre katapultierte das sich kapitalistische Gepflogenheiten aneignende Land mit zweistelligen Wachstumsraten zur drittgrößten Volkswirtschaft der Erde. Als größter Investor in amerikanische Staatsanleihen und führende Weltexportmacht mit zuletzt starken Einbußen wundert es nicht, wenn die Regierung ungeachtet der Krise und 20 Millionen erwerbsloser Wanderarbeitnehmer Anfang des Jahres immer noch einen Anstieg des Bruttoinlandsprodukts in Höhe von 8 v.H. für 2009 als anzustrebende Zielgröße nennt. Angesichts dieser Sachlage ist die jahrzehntelang geübte Kritik besonders westlicher Staaten an der Volksrepublik in den Hintergrund getreten. Tibet- und sich läuternde Taiwanprobleme, die Beschränkung der Menschenrechte und die durch die jüngsten Proteste der muslimischen turksprachigen Bevölkerungsgruppe der Uiguren in der autonomen Provinz Xinjiang ausgelösten schweren Krawalle und Zusammenstöße mit Han-Chinesen und der Polizei mit zahlreichen Toten sind für große Teile der Weltöffentlichkeit trotz der sichtbar werdenden ethnischen Konflikte nur noch von zweitrangigem Interesse. Zuletzt spielten solche Aufstände und Hemmnisse 2008 vor den 29. Olympischen Sommerspielen eine größere Rolle, als massive tibetische Unabhängigkeitsaktionen und deren Niederwerfung durch Chinas Sicherheitskräfte für beträchtliche Unruhen sorgten. Dennoch erwuchsen die Spiele zu einem faszinierenden Höhepunkt des Jahres, der die Position Chinas in der Welt stärkte und in Eintracht mit den anschließenden Paralympics in Peking, Hongkong und Qingdao bei einer besseren

Integration der nationalen Minderheiten künftig den Weg für verständnisvollere und humanere Lebensbedingungen ebnen kann.

Die Volksrepublik mit 1,3 Milliarden Einwohnern und einer 5000-jährigen Kulturgeschichte hat in ihrem 60-jährigen Bestehen viel Freud und Leid erlebt. Unvergessen bleibt die Kulturrevolution in den Jahren 1966 bis 1976 mit einem Klassenkampf im Inneren, der das Land von Grund auf erschütterte und nach unterschiedlichen Schätzungen Hunderttausende oder Millionen Todesopfer forderte. Auch die Niederschlagung des Studentenaufstands am 4. Juni 1989 auf dem Platz des Himmlischen Friedens ging um die Welt und erregte vielerorts Missbilligung und Besorgnis. Einen völlig anderen Eindruck vermittelte die Vierte UN-Weltfrauenkonferenz in Peking mit Delegierten aus 189 Staaten im Jahr 1995. Sie beschloss am 15. September, genau 60 Jahre nach den Nürnberger Rassegesetzen, einen umfassenden Forderungskatalog für den Schutz von Frauen und Mädchen und die Gleichstellung der Geschlechter. Das den grauenhaften Völkermord von sechs Millionen Juden und 500.000 Sinti und Roma vorbereitende Gesetzeswerk der Nationalsozialisten flankierten am 15. September 1935 zwei kulturelle Ereignisse, die mit unterschiedlicher Intention enge Bezüge zu den Eltern des Autors aufwiesen: in Limburg als gefeite Widerstandsaktion bei einem Bundestreffen der Cäcilienchöre anlässlich des 700-jährigen Jubiläums des St. Georg Doms und in Mannheim als gelenkte Verdrängungsaktion bei der Premiere von Händels heiterer Oper Serse (Xerxes), die die Estherlegende nicht beinhaltet und einen um Liebe buhlenden Perserkönig in den Fokus stellt.

Im Gründungsjahr der Volksrepublik (1949), in dem sich auch die Bundesrepublik Deutschland und die DDR konstituierten, feierten Chinesen, Japaner und Koreaner in zahlreichen Ländern der Welt in Tempeln und Gedenkstätten das 2500. Geburtsjahr von Konfuzius, das mit dem 200. Goethejahr zusammenfiel.[1] Elemente der damals in China sehr umstrittenen, auf eine humane Gesinnung und den Himmel als Inbild der natürlichen und ethischen Gesetzmäßigkeiten ausgerichteten Philosophie des Konfuzius flossen in den Gründungsakt ein. Exemplarisch hierfür ist das 1949 beschlossene und Ende der fünfziger Jahre enthüllte obeliskenförmige Denkmal der Volkshelden auf dem Platz des Himmlischen Friedens, das eine der kosmischen Denkweise im alten Ägypten analoge Anschauung in den Vordergrund stellt. Besonders deutlich wird dabei ein Bezug zur ersten Revolution der Weltgeschichte, dem monotheistischen Sonnenkult unter den ägyptischen Pharaonen Echnaton und Nofretete in der 18. Dynastie. In Verbindung mit dem in Denkmalinschriften bezeugten über einhundertjährigen Freiheitskampf des chinesischen Volkes verkörpert es zugleich eine unausgesprochene Reverenz an die große Kultur und Vergangenheit der Chinesen. Konfuszius' Lehre überdauerte Jahrzehnte der Anfeindungen. Sie steht nunmehr für eine Konzeption, mit der China die kulturelle Kommunikation im dritten Jahrtausend stilvoll angeht. Den Weg bereitete die Deutsche China-Gesellschaft am 30. September 1999 in Köln zum 50-jährigen Bestehen der Volksrepublik mit dem Symposium „Zwischen Mao und Konfuzius? Die Geschichte der Volksrepublik China als Resultat und Reflex von Tradition und Neuerung."[2] Ab 2004 sorgten dann weltweit ständig neue Gründungen von Konfuzius-Instituten für die Verbreitung detaillierter Kenntnisse über die chinesische Kultur und Sprache. Auch der chinesische Ministerpräsident Wen Jiabao schätzt die alte traditionelle Denkweise. Nach verbürgten Veröffentlichungen liest er gerne die „Selbstbetrachtungen" des mit Reiterstandbild auf dem Kapitol in Rom verewigten römischen Kaisers und Philosophen Mark Aurel, dessen stoischen Ansich-

---

[1]   Vgl. A. von Uracb (1949).
[2]   Vgl. Gregor Paul und Martin Woesler (Hrsg.) (2000), S. 1.

ten über Universum, Lebewesen und Naturphänomene besonders dem Taoismus ähneln.[3]

Diese Gegebenheiten eröffnen die Möglichkeit, das bedeutsame chinesische Kulturerbe für künftige Friedensaktivitäten verstärkt zu nutzen. Poeten, Musiker, Philosophen und Geistliche zahlreicher Völker preisen seit alters her Anmut und Reichtum der eng mit Religiösität, Astronomie und Zeitrechnung verknüpften Schöpfung. Echnatons und Franziskus von Assisis Sonnengesang, auf die Gestirne Bezug nehmende Psalmen und Suren, die Vokal- und Instrumentalmusik Johann Sebastian Bachs mit den Kompositionen „Wie schön leuchtet der Morgenstern" oder „Die güldene Sonne, voll Freud und Wonne" und Johann Wolfgang Goethes Gedichtzyklus „West-östlicher Divan" sind einige Beispiele für mit der Zivilisation Chinas eng verflochtene weltberühmte Vermächtnisse und Kunstwerke, die zusammen mit dieser in ein umfassendes kulturelles Friedenskonzept einfließen könnten. Dazu eignen sich auch vereinte, auf Versöhnung ausgerichtete Aktionen der Weltreligionen. So gedachte der auf Einladung von Papst Johannes Paul II. einberufene Weltgebetstag für den Frieden am 27. Oktober 1986 in Assisi unter Beteiligung von kirchlichen Gemeinschaften und Religionen des gesamten Erdkreises in inniger Passion der mit dem Schöpfungsvorgang verbundenen gemeinsamen theologischen Wurzeln. Es ist zu wünschen, dass sich unsere Gesellschaft neben der Verleihung des Internationalen Karlspreises zu Aachen 2009 an den Gründer der Gemeinschaft von Sant' Egidio, Prof. Dr. Andrea Riccardi, in stärkerem Maße als bisher solcher Aktivitäten besinnt, die zusammen mit den Menschenrechten, dem europäischen Kulturerbe und einer verantwortungsvollen Umwelt- und Naturschutzpolitik auch wesentlich die Völkerversöhnung in Europa und das hier in Auszügen als stichhaltiger Planungs- und Entwicklungsprozess im 200. Jubiläumsjahr der

---

[3] Vgl. Klaus Mainzer (1988), S. 94.

Französischen Revolution wiedergegebene Friedenswerk der Deutschen Einheit ermöglichten.

In der jüngsten Zeit mehrte sich auch der Stellenwert von Kultur und Bildung in den deutsch-chinesischen Beziehungen. Davon zeugen ein reger kultureller Jugend- und Hochschulaustausch, Dialogforen, der Aufbau eines musikalischen Netzwerks, gemeinsame Produktionen im Film- und Theaterbereich und Projekte der Wirtschaft, die einen nachhaltigen Städtebau in der Volksrepublik unterstützen. Die Errichtung des bayerischen Hochschulzentrums für China in Bayreuth im April 2007 dient ebenfalls der effektiveren bildungspolitischen Zusammenarbeit. Am 30. März 2009 eröffneten die Bundesministerin für Bildung und Forschung, Annette Schavan, und der chinesische Minister für Wissenschaft und Technologie, Prof. Dr. Wan Gang, das Deutsch-Chinesische Jahr für Wissenschaft und Bildung 2009/10 mit einer Festveranstaltung in der Berliner Freien Universität. Die Kampagne mit den Schwerpunkten Hochschulkooperation, berufliche Bildung und Spitzenforschung stärkt auch die Erziehungs- und Bildungssysteme beider Länder und ermöglicht eine intensive Beteiligung der Zivilgesellschaften. Analog zu dem Wissenschafts- und Technologiejahr EU-China 2007 ist sie eine geeignete Antwort auf die Qualitätsanforderungen der Globalisierung

Der seinen Einfluss in der Welt ständig ausbauende Global Player China erweist sich bei diesen Aktionen als wichtiger Partner bei der Zukunftsgestaltung unseres Planeten. Kehrseite seines enormen wirtschaftlichen Aufschwungs sind überdimensional zunehmende ökologische und soziale Probleme im Inneren des Landes. Der Europäischen Union, Deutschland und anderen Ländern bietet sich hier die Chance, in enger Zusammenarbeit mit China zur Bewältigung der Krisen beizutragen und auf diese Weise die universellen Bemühungen um Frieden, Kooperation und Entwicklung zu unterstützen. Als besondere Schwerpunkte einer verantwortungsvollen EU-Chinapolitik in den nächsten Monaten und Jahren sind zu nennen: Kurzfristige Einigung auf das geplante umfassende Partnerschafts- und Kooperationsabkommen, Vertiefung des Dialogs über Menschenrechte und soziale Fragen, Unterstützung bei gravierenden Umweltschäden durch Transfer moderner Technologien, über die bisherigen Sondierungen hinausgehende bindende Absprachen zur Vorbereitung des neuen Klimaschutzabkommens in Kopenhagen im Dezember 2009 und weitere Aktivitäten zum Schutz des geistigen Eigentums neben dem im Januar 2009 vereinbarten gemeinsamen Aktionsplan der Zollbehörden.

2. Chinas Kulturgeschichte im Austausch mit Europa sowie Flüchtlingshilfe und Weltkriegsereignisse in agglomerierter Darstellung

2.1 Kulturgeschichte

Zahlreiche Erfindungen im Altertum, oftmals Jahrhunderte vor vergleichbaren Entwicklungen auf dem europäischen Kontinent, belegen die schöpferische Kreativität des chinesischen Volkes. Sternwarte und Kataloge mit 28 Sternbildern (Mondstationen), ein Zentrum zur Keramikherstellung, Bewässerungsprojekte in der Landwirtschaft, einfache mechanische Hammerwerke und die Herstellung echten Papiers sind einige beeindruckende Leistungen vom 6. Jahrhundert v. Chr. bis zur Zeitwende.[4]

Ab Ende des 2. Jahrhunderts v. Chr. zogen Karawanen auf Überlandverbindungen mit Rohseide und anderen Gütern von China über Zentralasien zum Schwarzen Meer, nach Vorderasien und zum Mittelmeer. Händler verteilten die Erzeugnisse weiter im gesamten Römischen Reich bis nach Ägypten und Gallien. Die erst in der Neuzeit als Seidenstraße benannten Handelsrouten ermöglichten einen florierenden Austausch verschiedenartiger Produkte und technischer Errungenschaften. Ab dem 4./5. Jahrhundert erreichten auch die ersten chinesischen Schiffe den Persischen Golf und die Südspitze Arabiens.[5] Unter der Tang-Dynastie in der ersten Hälfte des 8. Jahrhunderts erlangte China eine beachtliche kulturelle Blüte. Die damalige Hauptstadt Chang'an (heute Xi'an) war Dreh- und Angelpunkt eines internationalen Publikums mit Kunst- und Wissenschaftstransfer, freier Religionsausübung und einer fulminanten Ausstrahlung bis nach Byzanz und Bagdad. Eine außerordentliche Entwicklung trat im 13. Jahrhundert ein, als die Mongolen

---

[4] Vgl. Robert K.G. Temple (1988), S. 4, sowie Heinz-Joachim Domnick (Konzeption) (1994), S. 136/137, 159, 226, 245, 270.
[5] Vgl. Wilfried Daim (1973), S. 37 u. 41-47.

zeitweilig ihr Weltreich unter Dschingis Khan und seinen Söhnen bis nach Osteuropa ausdehnten. Sie eroberten Ungarn und drangen bis in die Grenzgebiete Deutschlands vor. Nach ihren Eroberungsfeldzügen gelangte erneut westliche Kultur, speziell auch arabische, islamische und europäische Musik, bis nach Zentralchina und förderte dort Lebensgestaltung und musikalische Entwicklung.[6] Der Reisebericht Marco Polos (1254 – 1324) über seinen ausgedehnten Chinaaufenthalt und erste missionarische Aktivitäten von Franziskanern und anderen christlichen Orden im 13. und 14. Jahrhundert verstärkten den Kulturaustausch und die künstlerische Entfaltung. Der Überseehandel Portugals (ab 1517), Spaniens und Hollands (um 1600) und die annähernd 200 Jahre währende missionarische Tätigkeit der von Habsburger Regenten tatkräftig unterstützten Jesuiten öffnete China für neumodische europäische Zivilisation und Kunstfertigkeiten.[7] Die Jesuiten, u.a. vom Ingolstädter und Prager Jesuitenkolleg, zeichneten sich durch außergewöhnliche astronomische, mathematische und geographische Kenntnisse aus und gelangten in China zu großem wissenschaftlichen Ansehen. Einige leiteten verantwortlich die chinesische Kalenderreform, die Neugestaltung und den Betrieb des Pekinger Observatoriums oder das mathematische Tribunal und standen in besonders engem Verhältnis zum Kaiserhof. Vor allem in höfischen Kreisen Europas breitete sich in etwa zeitgleich ab dem 17. Jahrhundert eine schwärmerische Begeisterung für die exotisch wirkende chinesische Kunst aus, die weit bis in das 18. Jahrhundert anhielt. Chinamoden bei Textilien, Kunstgewerbe, in der Malerei, bei der Innenraumdekoration und der Gartengestaltung waren allseits populär und erfreuten sich großer Beliebtheit. Herausragende Beispiele waren u.a. die vom Kurfürsten von Brandenburg und ersten König von Preußen, Friedrich I., geschaffenen oder erweiterten Porzellankabinette des Charlottenburger und des Oranienburger Schlosses, der Bau

---

6   Vgl. Jinshou Zeng (2003), S. 68/69 u. 170.
7   Vgl. Gerd Kaminski u. Else Unterrieder (1980), S. 76.

des „Chinesischen Hauses" im Park vom Sanssouci in Potsdam unter Friedrich II. und der von Fürst Leopold III. von Anhalt-Dessau angelegte englisch-chinesische Inselgarten mit Teehaus und Pagode im Norden des Schlossgartens von Oranienbaum. Bei der zuerst genannten Porzellansammlung war auch die Mutter von Friedrich I., Luise Henriette von Nassau-Oranien, Namenspatronin der Stadt Oranienburg, maßgeblich beteiligt; sie errichtete in dem Schloss das erste europäische Porzellankabinett ein. Die kostbaren ostasiatischen Kollektionen waren oft in Räumen mit kosmisch ausgeführter Deckenbemalung, hindeutend auf himmlische Szenerie, Jahreszeiten und Sternkreiszeichen zur Schau gestellt.[8]

Bernhard Rode, Johann Wilhelm Meil und Johann Friedrich Bolt gehören zu den bekannten Künstlern, die seit der Ende des 17. Jahrhunderts einsetzenden Aufklärungszeit chinesische und andere asiatische Motive malten oder stachen. Mit Einzug eines fremdländisch und exotisch bereicherten Designs in die europäischen Theater traten neben türkisch-persischen und pharaonisch-ägyptischen vor allem auch chinesische Fantasiegebilde und Kunstformen in den Blickpunkt. Schwerpunktmäßig ab der zweiten Hälfte des 18. Jahrhunderts standen auch bei Musik- und Theaterstücken, Balletten und in der Literatur chinesische Themen und Leitgedanken hoch im Kurs. Zu ihrer Verbreitung trug neben den Jesuiten vor allem auch der Universalgelehrte Gottfried Wilhelm Leibniz bei. Sein bedeutendes Werk aus dem Jahr 1697 „Novissima Sinica" („Das Neueste von China") zielte in diese Richtung. Weitverbreitet war in dieser Zeit auch eine chinesische Darstellung des temperierten Tonsystems, die Opern „Le Cinesi" und „Le Chinois poli en France", musikalisch gestaltet von Christoph Willibald Ritter von Gluck (1754 bzw. 1756 – 1766) und chinesisch beeinflusste Theateraufführungen in England, Deutschland, Italien und Russland, u.a. François

---

8 Vgl. Verwaltung der Staatlichen Schlösser und Gärten (1973), S. 38 u. 39.

Voltaires Drama „Orphelin de la Chine" (1753), Elkanah Settles Tragikkomödie „Tataren erobern China" (1673), Johann Wolfgang Goethes Tragödie „Elpenor" (1806) und die Chinesenballette der Kochschen Truppe in Hamburg (1762 – 1764).[9] Im Schrifttum dienten Reiseberichte der satirischen Brandmarkung von patriotischen Obskuritäten, z.B. Albrecht von Hallers „Usong. Eine morgenländische Geschichte"(1771) und Victor de la Cassagne „L'Espion chinois en Europe" (1745). Lyrische Erzählungen, Romane und Gedichte förderten vornehmlich den aufklärerischen Erkenntnisprozess und die dezente Begegnungskultur mit fremdländischen Zivilisationen. Hierzu zählten u.a. die Werke von Karl Siegmund Freiherr von Seckendorff „Der chinesische Sittenlehrer" (1781), Friedrich Schiller „Sprüche des Konfucius" (1796), Johann Gottfried Herder „Ein tatarisches Liedchen" (1781) und Johann Wolfgang Goethe „Chinesisch-deutsche Jahres- und Tageszeiten" (1827).[10] Mehr exklamatorisch sind eine ganze Reihe anderer Texte, die Impulse für das Aufbegehren eines Volkes geben und die französische Revolution mehr oder weniger nachhaltig beeinflussten. Beispiele sind Werke von Jean Baptiste Du Halde „Descriptions de l'empire de la Chine" (1735) mit einer Zusammenfassung der Lehren des chinesischen Philosophen Meng-tzu (Menzius), Etienne des Silhouette „Die chinesische Balance" (1764), Jean-François Melon „Politischer Essay über den Handel" (1736, 2. Aufl.) sowie auf Du Halde bezugnehmende Schriften etwa von Charles de Secondat Montesquieu, Jean-Jacques Rousseau und François Voltaire.[11]
Silhouette war ein guter Bekannter des eng mit der französischen Revolution verknüpften Honoré Gabriel du Riqueti Mirabeau.

---

[9] Vgl. Jinshou Zeng (2003), S. 313-317.
[10] Vgl. Verwaltung ... (1973), S. 122 u. 123.
[11] Vgl. Wilfried Daim (1973), S. 95-99.

In dem durch diese Revolution erschütterten Europa schlug Anfang des 19. Jahrhunderts die bisherige Begeisterung für die chinesische Kultur in Desinteresse und Verachtung um. Besonders Napoleons Expansionsbestrebungen und das entsetzliche Kriegselend förderten Misstrauen und Ablehnung gegenüber dem Riesenreich der Chinesen. Als das ostasiatische Land Handel und illegale Einfuhr von Opium aus Indien durch britische Händler zu vereiteln versuchte, brach 1840 ein britisch-chinesischer Krieg, der erste Opiumkrieg, aus, der bis 1842 dauerte. In der Folge setzte die Unterwerfung Chinas durch westliche Mächte ein. Dabei standen wirtschaftliche Interessen und Gebietsabtretungen im Vordergrund. Um die vor allem auch von preußischen Regenten geförderten Handelsinteressen gegenüber China zu wahren, besuchte von 1860 bis 1862 eine preußische Ostasienexpedition das Land und schloss dort stellvertretend für den Deutschen Zollverein einen Freundschafts-, Handels- und Schifffahrtsvertrag ab. Koloniale Interessen führten von 1897 bis 1914 zur Besetzung der Region Kiautschou an der Südküste der Halbinsel Chandong durch das Deutsche Reich und zur Errichtung eines Flottenstützpunkts. Hauptstadt des „Deutschen Schutzgebiets" war Tsingtau (Qingdao), im Jahr 2008 Austragungsort der olympischen Segelwettbewerbe. Die Niederschlagung des sich landesweit ausbreitenden Boxeraufstands durch ein gemeinsames Heer der Westmächte und Japans im Jahr 1900 entwickelte sich zum dramatischen Höhepunkt in diesem Zeitabschnitt. Nach Ausbruch des Ersten Weltkriegs okkupierte der Kriegsgegner Japan Kiautschou.[12]

Zu einer der bedeutendsten modernen Aufklärungsoffensiven entwickelte sich die Bewegung des Vierten Mai 1919, als wenige Wochen vor der Unterzeichnung des Versailler Vertrags zunächst etwa 3.000 Studenten und Dozenten vor dem Tor des Himmlischen Friedens gegen die beabsichtigte formelle Übertragung der Region Kiautschou an Japan und für eine gleich-

---

[12]   Vgl. Heiko Herold (2004), S. 14/15 u. 54/55.

wertige Stellung unter den Siegermächten des Ersten Weltkriegs protestierten. Die in den folgenden Tagen und Wochen im ganzen Land von Studenten, Arbeitern, Intellektuellen und anderen Bevölkerungsgruppen unterstützten Demonstrationen uferten zu Massenveranstaltungen aus und initiierten eine Kulturbewegung, die mit ihrer Forderung nach Reformen und Erneuerung den gesellschaftlichen Wandel in China maßgeblich forcierte. Mit dieser Bewegung begann faktisch auch die einen neuen Stil in Schrift und Literatur fordernde und die Übersetzung ausländischer Werke anspornende literarische Revolution. Bereits 1897 wurde der Roman von Alexandre Dumas d.J. „Die Kameliendame" ins Chinesische übersetzt. 1908 empfahl eine chinesische Zeitschrift eine Reihe bekannter ausländischer Dichter und Philosophen zur Lektüre, u.a. George Byron, Percy Shelley, Alexandre Sergejewitsch Puschkin, Adam Mickiewicz, Sándor Petőfi, Johann Wolfgang von Goethe, Friedrich Schiller und Friedrich Nietzsche. 1911 folgte die Übersetzung von Schillers „Wilhelm Tell" und 1913/14 von über 50 deutschen Gedichten unterschiedlicher Herkunft. Die Verbreitung der noch in traditioneller Schrift übersetzten Gedichte war jedoch zunächst begrenzt.[13] Goethe, Schiller und Heine avancierten im Geist des Umbruchs zu beliebten Schriftstellern, obwohl bei Schiller die Übersetzung weiterer Dramen erst Mitte der zwanziger Jahre einsetzte. Vor allem jüngere chinesische Poeten wie Guo Moruo, Tian Han und Zong Baihua schwärmten von den Jenaer und Weimarer Dichterfreunden.[14] Der Goethe-Boom erreichte 1922 mit der Feier eines Goethe-Jahrs seinen Zenit und hielt bis zum Ausbruch des chinesisch-japanischen Kriegs (1937) mit zahlreichen Übersetzungen fast unverändert an. Insbesondere Moruos Werther-Übersetzung (1922) erregte die Gemüter der Chinesen und entfachte ungeahnten Enthusiasmus.[15] Ab 1923

---

[13] Vgl. Yi Zhang (2007), S. 63-70 u. 77/78.
[14] Vgl. Hong Zhu (1994), S. 20.
[15] Vgl. Wuneng Yang (2000), S. 35-37.

veröffentlichten chinesische Zeitschriften ständig Informationen über westliche Literatur und Rezensionen und regten eine große Zahl weiterer Übersetzungen aus dem Deutschen an, u.a. Gerhart Hauptmann, Hugo von Hofmannsthal, Stefan Zweig, Thomas Mann, Hermann Hesse und Gotthold Ephraim Lessing.

Bereits wenige Monate nach der Machtergreifung Hitlers am 30. Januar 1933 und den einsetzenden massiven Gleichschaltungs- und Verfolgungsmaßnahmen protestierten chinesische Schrift- steller und Künstler beim deutschen Konsulat in Shanghai gegen die Diskriminierungsaktionen gegenüber Juden und deutschen Autoren. In der Folge verbreiteten sie Informationen über in Drittstaaten emigrierte Schriftsteller und ihre opponierenden Aktionen im Exil.[16] Chinesische Kulturinstitute und Intellek- tuelle würdigten in dieser Zeit besonders die freiheitsbetonenden Werke von Schiller und Goethe und nutzten diese zur Motiva- tion der Bevölkerung zum Widerstand gegen die japanischen Aggressoren. Im Schillerjahr 1934 arrivierte der bedeutendste deutsche Dramatiker zur „Identifikationsfigur eines ganzen Volkes". Im chinesisch-japanischen Krieg fesselte besonders das in Anlehnung an sein Schauspiel „Wilhelm Tell" gestaltete heroische vaterländische Theaterstück „Es lebe die Nation" das Land.[17] Unübertroffene Popularität erlangte das thematisch aus dem Mignon-Intermezzo in Goethes „Wilhelm Meister" abgeleitete Straßentheater „Leg deine Peitsche nieder", das mehr als zehn Jahre in China aufgeführt wurde und mit seiner provokativ-politischen Ausstrahlung die Massen im Widerstand einte.[18]

---

[16] Vgl. Yi Zhang (2007), S. 124/125 u. 133-136.
[17] Vgl. Hong Zhu (1994), S. 23/24 u. 48.
[18] Vgl. Wuneng Yang (2000), S. 93-97.

2.2 China im Zweiten Weltkrieg

2.2.1 Nationalsozialismus und Weltkriegsereignisse

Der beharrliche Anstieg der Zahl chinesischer Studenten an deutschen Universitäten bis 1937 förderte den Kulturaustausch und den bilateralen Kontakt von Wirtschaftskreisen. Präsent waren zunächst sowohl Befürworter als auch Gegner des Nationalsozialismus. Nach Ausbruch des chinesisch-japanischen Kriegs stieg das Engagement der kritischen Studenten in antijapanischen Organisationen rapide an. Mit Beginn des Zweiten Weltkriegs verließen sie scharenweise Deutschland und kündeten eine Entwicklung an, die nach Bildung des Dreimächtepakts zwischen dem Deutschen Reich, Italien und Japan (27. September 1940) und der Anerkennung der mit den Japanern kollaborierenden Wang Jingwei-Regierung durch die Reichsregierung am 1. Juli 1941 zum völligen Abbruch der Beziehungen zwischen der nationalchinesischen und der deutschen Regierung führte. Eine vollständige Abwanderung der bis dahin in Deutschland lebenden Chinesen war die Folge.[19]

In China blieben deutsche Gemeinden nach der in der zweiten Hälfte des Jahres 1937 einsetzenden japanischen Okkupation von Unannehmlichkeiten verschont. Unter den ca. 4.000 deutschen Staatsangehörigen war nach Hitlers Machtergreifung die Zahl der Mitglieder der Nationalsozialistischen Deutschen Arbeiterpartei (NSDAP) rasant gestiegen. Eine gesellschaftliche Gleichschaltung und neue Parteiorganisationen bestimmten das öffentliche Leben. Auch in deutschen Schulen und deren Lehrplänen setzten sich Konformität und ausufernde Kontrollen durch.[20] Zu den NSDAP-Mitgliedern gehörte John Rabe, Repräsentant einer chinesischen Tochtergesellschaft des deutschen Siemens-Konzerns in Nanking. Nach Ausbruch des japanisch-chinesischen Kriegs wählten ihn die Ausländer der

---

[19] Vgl. Dagmar Yü-Dembski (1989), S. 256-263.
[20] Vgl. Françoise Kreissler (1989), S. 269-271.

Stadt zum Vorsitzenden eines internationalen Komitees, das nach der Besetzung Nankings eine neutrale Sicherheitszone für schutzsuchende chinesische Bürger durchsetzen konnte. Nach unterschiedlichen Angaben konnten auf diese Weise 200.000 bis 250.000 Chinesen vor dem Massaker durch japanische Soldaten gerettet werden. Es wird allgemein angenommen, dass Rabe, der sich mit einigen Vertrauten außerordentlich engagiert als Beschützer betätigte, infolge seines langen Aufenthalts in China über die wahren Aktivitäten und Absichten der Nationalsozialisten im Deutschen Reich nur unzulänglich informiert war.[21]

Der japanische Luftangriff auf den US-amerikanischen Marinestützpunkt Pearl Harbor (Hawai-Insel Oahu) am 7. Dezember 1941 hatte zur Folge, dass die USA unverzüglich in die bewaffneten Konflikte eintrat, zahlreiche Staaten, darunter auch die USA und das Deutsche Reich, sich gegenseitig den Krieg erklärten und die gewalttätigen Auseinandersetzungen zum Weltkrieg eskalierten. Die in der Folge forcierten Angriffe von US-Amerikanern und Briten gegen japanische Truppen in weiten Teilen Ostasiens unterstützten den Befreiungskampf der mit den Alliierten im Bunde stehenden nationalchinesischen Regierung unter Chiang Kai-shek. Diese bildete mit den Kommunisten eine von den früheren Kampfhandlungen her sehr belastete Einheitsfront gegen die japanische Okkupation. Kai-shek nahm in dieser Zeit an mehreren großen Weltkriegskonferenzen direkt oder indirekt teil und konnte später als essenzielle Errungenschaft einen ständigen Sitz im Sicherheitsrat der Vereinten Nationen für China erwirken. In Kairo vereinbarte er vom 22. bis 26. November 1943 mit dem britischen Premierminister Winston Churchill und US-Präsident Franklin D. Roosevelt die Fortsetzung des Krieges bis zur bedingungslosen

---

[21]   Vgl. Erwin Wickert (Hrsg.) (2008), S. 15-18 u. 287.

Kapitulation Japans.[22] Auf der Konferenz von Dumbarton Oaks im Washingtoner Stadtteil Georgetown beschlossen chinesische Delegierte am 21. August 1944 gemeinsam mit Regierungsvertretern aus den USA, der Sowjetunion, Großbritannien und Frankreich die Ablösung des weitgehend unwirksamen Völkerbunds durch eine Organisation der Vereinten Organisationen.[23]

Nach der Kapitulation des Deutschen Reichs am 8. Mai 1945 führten die beiden amerikanischen Atombombenabwürfe am 6. und 9. August 1945 über Hiroshima und Nagasaki auch zur Kapitulation des japanischen Kaiserreichs. In diesem Zusammenhang ist zu vermerken, dass der 6. August zudem an die Niederlegung der römischen Kaiserkrone durch den Habsburger Franz II. und das Ende des Heiligen Römischen Reichs im Jahr 1806 nach nahezu tausendjähriger bewegter europäischer und Weltgeschichte erinnert. Die Weltausstellung im Jahr 2000 fand in der niedersächsischen Landeshauptstadt Hannover statt, die seit 1983 mit Hiroshima städtepartnerschaftlich verbunden ist.

2.2.2 Flüchtlingshochburg Shanghai

Die im Delta des Jangtsekiang liegende Stadt Shanghai entwickelte sich nach dem abscheulichen Judenpogrom im Deutschen Reich am 9./10. November 1938, der Reichskristallnacht, zu einer Flüchtlingshochburg mit eigenen Cafés, Schulen, Vereinen, religiösen Einrichtungen und auch Exilzeitungen. Hilfsbedürftige konnten auf die Unterstützung jüdischer Organisationen und bodenständiger jüdischer Gesinnungsfreunde aus Bagdader und russischen Gemeinden hoffen. Das Leben entspannte sich besonders in der französischen und internationalen Zone Shanghais, in die man bis Ende 1941 ohne Visum ein-

---

[22]   Vgl. Hanno Ballhausen u. Petra Niebuhr-Timpe (Red.) (2004), S. 162/163 u. 338.

[23]   Vgl. Birgit Willmann (Red.) (1997), S. 498 u. 500.

reisen konnte. Mittellose, die sich kein Privatquartier leisten konnten, erhielten in notdürftig eingerichteten Massenquartieren Unterkunft. Auch im übrigen, seit 1937 von Japan besetzten Stadtgebiet Shanghais waren die Lebensverhältnisse für die Flüchtlinge zunächst noch erträglich. In dem durch frühere Kriegshandlungen in Mitleidenschaft gezogenen Viertel Hong-kew gab es passable Privatquartiere mit sehr günstigen Mieten. Einschneidende Probleme kündigten sich jedoch an, als die japanische Verwaltung ab August 1939 Einreisebeschränkungen für Exilanten einführte.[24]

Das Fluchtziel Shanghai war kaum noch zu erreichen, als der Kriegseintritt Italiens den Seeweg und der Angriffskrieg des Deutschen Reichs gegen Russland den Landweg weitgehend versperrten. Zu diesem Zeitpunkt hielten sich etwa 18.000 bis 20.000 überwiegend deutschsprachige Flüchtlinge jüdischer Herkunft in Shanghai auf. Einzelne Veröffentlichungen nennen auch davon abweichende Zahlen.[25] Im Dezember 1941 besetzten die Japaner nach Ausweitung des Pazifikkriegs die internatio-nale Zone Shanghais und konfrontierten die Flüchtlinge mit dis-kriminierenden Maßnahmen, u.a. Verbot von Organisationen und Schießung von Cafés und Geschäften. Amerikanische Hilfs-organisationen mussten ihre Unterstützung vor Ort einstellen und konnten nur noch über neutrale Länder spärliche Hilfe-stellung leisten, darunter auch das American Jewish Joint Distribution Committee (JOC). Dessen europäischer Direktor Joseph Schwartz kündigte drei Jahre nach dem Weltkrieg auf dem dritten und abschließenden Kongress der befreiten Juden in der amerikanischen Zone in Bad Reichenhall vom 30. März bis 2. April 1948 vor „Displaced Persons" und Vertretern der baye-rischen Staatsregierung an, dass finanzielle Mittel seiner Organi-sation nunmehr auch für die Verteidigung und Entwicklung des

---

24 Vgl Gerd Kaminski u. Else Unterrieder (1980), S. 786/787.
25 Vgl. Georg Armbrüster u.a. (Hrsg.) (2000), S. 13 u.14.

jüdischen Staates in Palästina bereitgestellt werden sollten.[26] Der Kongressbeginn wenige Wochen vor der offiziellen Ausrufung des Staates Israel fiel mit der Geburt des Autors in Herborn zusammen.

Am 18. Februar 1943 verordnete die japanische Verwaltungsbehörde weitere aufenthalts- und arbeitsbeschränkende Maßnahmen und richtete für die eingewanderten Flüchtlinge aus europäischen Ländern in ganz Hongkew ein Ghetto („designated area") ein. In den nächsten drei Monaten mussten fast alle in Shanghai Asylsuchenden dort ihren Wohnsitz nehmen. Die Situation entspannte sich erst wieder nach der japanischen Kapitulation.[27] Ende 1945 erging seitens der Republik China die Aufforderung an alle Flüchtlinge zur Ausreise. Betroffen davon war auch der 1939 aus dem Deutschen Reich geflohene Michael W. Blumenthal.[28] Er war Jahrzehnte danach unter Jimmy Carter Finanzminister der Vereinigten Staaten von Amerika, als der Camp David-Friedensvertrag zwischen Ägypten und Israel mit amerikanischer Unterstützung ausgehandelt wurde. Der spätere Gründungsdirektor des jüdischen Museums in Berlin stammt aus einer alteingesessenen jüdischen Familie Oranienburgs.

2.2.3 Umsturzaktion vom 20. Juli 1944 mit angedeuteten Assoziationen zu China und Ägypten

Am 9. April 1976 hielt der frühere Rektor der Universität Saarbrücken, Bundesinnenminister Prof. Dr. Werner Maihofer, eine Rede zur Eröffnung der Ausstellung „Nofretete – Echnaton" im Ägyptischen Museum der Staatlichen Museen Preußischer Kulturbesitz in Berlin und betonte besonders die „ästhetische

---

[26] Vgl. Abraham S. Hyman (1948-49), S. 471, sowie Jewish Virtual Library (2008).
[27] Vgl. Patrik von zur Mühlen (1998), S. 336-346.
[28] Vgl. Pan Guang u.a. (Ed.) (1995), S. 72.

Revolution der Amarna-Zeit".[29] Die Veranstaltung fand 21 Jahre nach der Hinrichtung einer Reihe von Widerstandskämpfern statt, die überwiegend für das Amt Ausland/Abwehr des Oberkommandos der Wehrmacht arbeiteten und fast alle am gescheiterten Umsturzversuch des 20. Juli beteiligt waren. Zu ihnen gehörten der Leiter der Dienststelle, Admiral Wilhelm Canaris, Pfarrer Dietrich Bonhoeffer, Hauptmann Ludwig Gehre, Landwirt Ewald von Kleist-Schmenzin, Generalmajor Hans Oster und Generalstabsrichter Karl Sack. Das Amt Ausland/Abwehr unterhielt wirksame, besonders 1940 ausgebaute Verbindungen zum deutschen Generalkonsulat in Shanghai und nutzte diese Schiene über Jahre hinweg für oppositionelle Zwecke gegenüber Kriegsparteien, Emigranten und Hilfsorganisationen.[30] Der bereits im April 1943 verhaftete Bonhoeffer, der sich in seinen Schriften und Predigten u.a. mit Mose, David, den Psalmen und der Schöpfung inniglich auseinandersetzte und große seelsorgerische Wirkung entfaltete, war einer der ersten Theologen, die öffentlich die Judenverfolgung unter den Nationalsozialisten anprangerten. Er war beratendes Mitglied des Ökumenischen Rates der Kirchen.

Eine besonders stilvolle Form des Gedächtnisses wählte auch die anerkannte Ägyptologin Emma Brunner-Traut. Sie widmete ihren Artikel „Echnaton der Aufklärer" in der Publikation „Die Stifter der großen Weltreligionen" über Zarathustra, Mose, Jesu, Mani, Muhammad, Buddha, Konfuzius, Lao-tze und Echnaton Graf Paul Yorck von Wartenburg.[31] Der aufrechte Widerstandskämpfer, der auf seinem Familiengut in Schlesien mehrfach Verfolgte vor den Nationalsozialisten versteckte, ging am 30. September 1966 als Vortragender Legationsrat I. Klasse und Leiter der Handelsvertretung der Bundesrepublik in Bukarest in den Ruhestand. Sein Bruder, der Verwaltungsjurist Peter Graf

---

[29] Vgl. Werner Maihofer, Bundesinnenminister (1976), S. 2.
[30] Vgl. Mechthild Leutner (Hrsg.) (1998), S. 442.
[31] Vgl. Emma Brunner-Traut (Hrsg.) (2007), S. 9

Yorck von Wartenburg, und seine beiden Cousins, der Stabschef beim Befehlshaber des Ersatzheers und Bombenleger Claus Graf Schenk von Stauffenberg und der Völkerrechtler und Marine-Oberstabsríchter Berthold Graf Schenk von Stauffenberg wurden nach dem Umsturzversuch vom 20. Juli zusammen mit über 200 militärischen und zivilen Persönlichkeiten hingerichtet, davon eine ganze Reihe am Geburtstag der Mutter des Autors.

Das Attentat auf Hitler fand genau 150 Jahre nach der ersten Bekanntschaft Goethes und Schillers und ihrem Gespräch über die Metamorphose bei Pflanzen nach einer Sitzung der Naturforschenden Gesellschaft am 20. Juli 1794 in Jena statt. Goethes Darlegungen über die Ehrfurcht vor dem Leben und Schillers Briefe über die ästhetische Erziehung des Menschen flankierten den Umsturzversuch gegen das Terrorsystem, das die Rassenpolitik und die massenhafte Vernichtung menschlichen Lebens zur entsetzlichen Maxime erhob. Verantwortungsbewusstsein und der Leitgedanke des Friedens bestimmten in dieser schwierigen Situation das Handeln der Widerstandskämpfer, bestärkt auch durch die 150 Psalme, das Gebetsbuch der Israeliten. An dem Detonationsort der im Führerhauptquartier Wolfsschanze in Ostpreußen hinterlegten Bombe übergab die Präsidentin des Deutschen Bundestags, Rita Süssmuth, 1992 ein Denkmal mit einem steinernen Buch an die Öffentlichkeit, das gewiss die Bibel darstellt. Die Enthüllung des Memorials erfolgte 500 Jahre nach der ebenfalls äußerst sadistischen Vertreibung der Juden aus Spanien im Jahr 1492.

Der bekannte Pädagoge und Kulturpolitiker Adolf Reichwein, der bei seinen Studienreisen und Exkursionen auch China kennenlernte, schrieb 1923 seine Dissertation über das Thema „China und Europa: Geistige und künstlerische Beziehungen im 18. Jahrhundert". Der im Kreisauer Kreis engagierte Widerstandskämpfer, den die Nationalsozialisten am 4. Juli 1944 verhafteten und am 20. Oktober 1944 im Gefängnis Berlin-Plötzensee erhängten, hatte sicherlich die mit der ehrfürchtigen

Lebenseinstellung verknüpfte, althergebrachte chinesische Kultur und Philosophie vor Augen, als er in seiner Dissertation reflektierte, dass den Poeten Goethe irgendetwas in der Weltschau seines weisen Alters mit den östlichen Zuständen verband, nämlich „das Gefühl für das Gesetzliche, für die sichere Bahn, für das Tao der Chinesen".[32]

25 Jahre nach dem Umsturzversuch, am 20. Juli 1969, landete das Raumschiff Apollo 11 auf dem Mond. Als erste Menschen betraten die US-amerikanischen Astronauten Neil Armstrong und Edwin Aldrin den Erdtrabanten und bekräftigten das fantastische Beziehungsgeflecht zwischen Schöpfungsmaximen, Lebensethos und der leider erfolglosen Widerstandsaktion.

---

[32] Vgl. Adolf Reichwein (1923), S. 155 u. 158.

3. Die Gründung der Volksrepublik China 1949

3.1 Die Politische Konsultativkonferenz (PKK) und die Proklamation der Volksrepublik

China erlebte schon in der ersten Hälfte des 20. Jahrhunderts turbulente Entwicklungen. Nach dem Zusammenbruch des chinesischen Kaiserreichs 1912, langwierigen innerstaatlichen Konflikten zwischen Nationalisten und Kommunisten, dem 1937 beginnenden Zweiten Chinesisch-Japanischen Krieg und dem Zweiten Weltkrieg brach 1946 erneut ein Bürgerkrieg zwischen den Truppen der regierenden Volkspartei (Guomindang) und der kommunistischen Volksbefreiungsarmee aus. Die Kommunisten konnten dabei in zahlreichen Feldzügen das gesamte Land erobern, so dass dem Guomindang-Regime 1949 nur noch die Flucht nach Taiwan blieb.

Im September 1949 bereitete die PKK als verfassungsgebendes Organ die Gründung der Volksrepublik in Peking vor. Die 622 Abgeordneten gehörten mehrheitlich der Kommunistischen Partei Chinas sowie anderen Parteien, Massenorganisationen, Religionsgemeinschaften und Gremien der Auslandschinesen an. Mao Tsetung hielt eine kampfbetonte Eröffnungsansprache. Er legte dar, dass die PKK das gesamte chinesische Volk repräsentiere und bei dem Aufbau der Nation in der demokratischen Diktatur des Volkes und im Zusammenschluss mit ausländischen Freunden ihre wesentliche Stütze habe.[33] Die von ihm entworfene und vom Plenum gebilligte Deklaration zur Staatsgründung vom 30. September 1949 „Es lebe die große Einheit des chinesischen Volkes" nennt die wichtigsten Aussagen und Beschlüsse des Gremiums, insbesondere

- die Organisationsgesetze und das Gemeinsame Programm der PKK mit der rechtlichen und politischen Struktur des Staates,
- Peking als Hauptstadt der Volksrepublik,

---

[33] Vgl. Mao Tsetung (1977), S. 11-15.

- die rote Fahne mit den fünf Sternen als Staatsflagge und
- den Marsch der Freiwilligen als Nationalhymne.

Sie hebt hervor, dass die verschwörerischen Aktivitäten aller Konterrevolutionäre unterdrückt und die Interessen des chinesischen Volks mit dem Aufbau eines unabhängigen, demokratischen, starken und friedlichen Chinas geschützt werden sollen.[34]

Einen Tag nach dieser Deklaration, am 1. Oktober 1949, verkündete der zum Vorsitzenden der Zentralen Volksregierung gewählte Mao vor dem chinesischen Kaiserpalast in Peking unter Hinweis auf den heroischen und selbstlosen Kampf der Volksbefreiungsarmee formell die Gründung der Volksrepublik und die Bildung der Volksregierung. Zhou Enlai, frisch gekürter Ministerpräsident und Außenminister, teilte Maos Erklärung noch am gleichen Tag den Konsulaten in Peking und den diplomatischen Vertretungen in Nanking mit und betonte dabei die Notwendigkeit der Herstellung normaler Beziehungen zwischen der Volksrepublik und den Staaten der Welt.[35]

3.2 Das Denkmal der Volkshelden auf dem Platz des Himmlischen Friedens

Am 1. Mai 1958 wurde das Denkmal der Volkshelden in der Mitte des Platzes des Himmlischen Friedens feierlich enthüllt. Nach erheblicher Erweiterung und Umgestaltung Ende der fünfziger Jahre verkörpert der südlich des Kaiserpalasts gelegene exorbitante Platz das Herz des neuzeitlichen China. Festveranstaltungen an Nationalfeiertagen, große nationale Kundgebungen und auch eine Reihe von Protestveranstaltungen, einschließlich der dramatischen Zwischenfälle am 4. Juni 1989,

---

34 Vgl. Mao Tsetung (1977), S. 16-18.
35 Vgl. Karl Bünger (Juni 1951), S. 767.

begründen sein einzigartiges Fluidum, das die Formung des Staates und die heutige Aufbruchsstimmung des chinesischen Volks symbolisiert. Das anlässlich der verfassungsgebenden PKK beschlossenen Denkmal ist ein gewaltiger Obelisk aus über 17.000 Granit- und Marmorsteinen von nahezu 40 m Höhe. Die von Mao am 30. September 1949 entworfene Inschrift „Ewiger Ruhm den Helden des Volkes" ist in seiner Handschrift in vergoldeten Schriftzeichen augenfällig aufgetragen. Der Text nimmt auf den chinesischen Freiheitskampf der Heroen Bezug, die seit 1840 „für die nationale Unabhängigkeit, für die Freiheit und das Wohl des Volkes ihr Leben geopfert haben."[36] Die gegenüberliegende Seite des Monuments gibt ein Gedicht Zhou Enlais wieder, der in den 1970er Jahren maßgeblich den Weg für die Beziehungen mit den Westmächten ebnete. Im Fußrelief sind die wichtigsten historischen Ereignisse seit dem rücksichtslosen Eindringen westlicher Staaten vom ersten Opiumkrieg 1840 – 1842 bis zum Krieg gegen Japan und den Bürgerkrieg gegen die Guomindang-Streitkräfte dargestellt.[37] Eine massive Gedenktafel weist auf den 30. September und die Staatsgründung hin. Maos Porträt über dem Eingangstor zum Kaiserpalast wird an diesem Tag jährlich gegen ein frisches Ölbild ausgetauscht.

3.3 Exkurs über eine geschichtsträchtige sinnbildliche Verknüpfung

3.3.1 Beziehung zur Zeitrechnung und zu Echnaton und Nofretete, den ersten bedeutsamen Revolutionären der Weltgeschichte

Der Autor wurde gerade 18 Monate vor der Deklaration zur Staatsgründung und dem Inschriften-Entwurf Maos für das von

---

36 Vgl. Mao Tsetung (1977), S. 19.
37 Vgl. Margareta Grießler (1996), S. 333.

den alten Ägyptern als Sonnensymbol verehrte Obelisken-Denkmal am 30. März 1948 geboren.[38] Mit dieser Konstellation formten die Chinesen bei der Konstitution der Volksrepublik den Übergang zu einem Weltbild der Erneuerung, das sich eng an die Himmelssphäre und die im ewigen Zyklus auf- und untergehende Sonne als Ursprung und Motor des menschlichen Lebens, den Mond und die Sterne anlehnt.[39] Ausschlaggebend war dabei die bis in die Gegenwart geltende traditionelle chinesische Auffassung über die Harmonie von Himmel, Erde und Mensch, die auch Mao bei der Staatsgründung im Hinblick auf die Einheit des Volks, die vereinte Abwehr der Konter-revolution und die Bezüge zur internationalen Versöhnungs-politik anerkannte. Im Folgenden werden Zusammenhänge dargestellt, die eine enge Beziehung der Anordnung zur Zeit-rechnung, zum Kulturerbe und zur Friedensethik der Völker-gemeinschaft aufzeigen.

Der chinesische Kalender korrespondiert sowohl mit dem Sonnen- als auch mit dem Mondzyklus, seine Ursprünge gehen auf den „Gelben Kaiser" (Huangdi) im dritten Jahrtausend zurück. Mit Gründung der chinesischen Republik (1912) löste ihn der solar ausgerichtete Gregorianische Kalender ab, der heute in nahezu allen Ländern der Welt verbreitet ist. Der nach wie vor zur Berechnung von Festen und Feiertagen, z.B. dem Frühlingsfest oder dem familiären Mondfest genutzte chinesische Kalender mit 12 Mondphasen im Jahr stellt bei einer Erdrotation des Mondes von ca. 29,5 Tagen die Vereinbarkeit zum ca. 365,25 Tage währenden Umlauf der Erde um die Sonne durch Zufügen von Schaltgrößen (Tage oder Monate) sicher.
Im pharaonischen Ägypten formten die kosmischen Gegeben-heiten ebenfalls den Alltag von Mensch und Gesellschaft und beeinflussten nach Einschätzung einer Reihe von Historikern die Jahrtausende alte, vom ägyptischen Geschichtsschreiber Mane-

---

[38] Vgl. Labib Habachi (2000), S. 13.
[39] Vgl. Wolfgang Helck u. Wolfhart Westendorf (Hrsg.) (1986), S. 1247.

tho (3. Jahrhundert v. Chr.) erstmals vorgenommene Einteilung der Pharaonenzeit in 30 Dynastien. So nahmen z.B. Boeckh, Gutschmid und Unger in ihren kontrovers diskutierten Untersuchungen an, dass Manethos nur in Auszügen von späteren Historiographen überlieferte Chronologie auf einem weitläufigen, die Sothisperioden zugrunde legenden System mit Zyklen von rund 1460 Jahren beruht.[40] Dabei war der sich unmittelbar vor Sonnenaufgang ereignende Frühaufgang des Fixsterns Sirius (Sothis) von Belang, der die Möglichkeit bot, einen annäherungsweise mit der Nilschwemme korrespondierenden Kalender anzulegen. Der erste dem Siriusaufleuchten folgende Neumond war in diesem Mondkalender Neujahr und zeigte den Beginn des Kalenderjahres an. Die bis Mitte des 2. Jahrhunderts v. Chr. mit geringfügigen Variationen angewandten und die Umläufe von Erde und Mond berücksichtigenden bürgerlichen Mondkalender und Sothiskalender waren trotz ihrer lunearen Zuordnung im eigentlichen Sinn Mischformen mit stellarer oder lunearer und solarer Ausrichtung. Wegen der Diskrepanz von Sonnen- und Mondzyklen wurde bei beiden Kalenderarten wie beim chinesischen Kalender eine Schaltgröße (Monat) in bestimmten Zeitabständen hinzugefügt.[41] Die immer noch unzureichende Terminierung führte schon im frühen 3. Jahrtausend v. Chr. zur Einführung eines zusätzlichen bürgerlichen Verwaltungskalenders, der fiktiv zwölf Monate zu je 30 Tagen unterstellte und dessen Kalenderjahr vermutlich am Neumond nach Siriusaufgang begann. Zu den 360 Tagen wurden dann noch fünf Tage im Jahr hinzugefügt, die jedoch ebenfalls zur völligen Anpassung an das Sonnenjahr nicht ausreichten. Das um etwa einen Vierteltag kürzere Verwaltungsjahr blieb alle vier Jahre rund einen Tag hinter dem wirklichen Sonnenlauf zurück. Erst nach ca. 1460 Jahren fielen alle Daten wieder auf die gleichen Tage.[42]

---

[40] Vgl. Curt Wachsmuth (1895), S. 335 u. 340.
[41] Vgl. Winfrid Barta (1983), S. 16.
[42] Vgl: Jürgen von Beckerath (1997), S. 7-9, sowie Wolfgang Helck u. Wolfhart Westendorf (Hrsg.) (1980), S. 298.

Der Umlaufzyklus des Monds spielte bei diesen Betrachtungen mit seinen im Zeitablauf berechenbaren Erscheinungsbildern und seinem mythischen Charakter für Geburt, Tod und Wiedergeburt eine besondere Rolle und diente in Verbindung mit dem ägyptischen Verwaltungskalender zur Begründung der Analogie zwischen Monats- und Dynastienanzahl. Diese mit der Komposition des Obeliskendenkmals auf dem Platz des Himmlischen Friedens konform gehende Auslegung rückte das chinesische Yin und Yang-Prinzip in den Mittelpunkt, nach dem der Mond (Yin) als Herrscher über die Nacht mit der Sonne (Yang) das Universum in Balance hält. Das männliche Yang als das aktive schöpferische Axiom des Lichts und das weibliche Yin als das verhüllende passive Axiom stehen dabei in ständig wechselseitigem Verhältnis und sorgen für die Harmonie in einem sozialen und universalen Beziehungsgeflecht.

Bestärkt wird die kosmische Urkraft des Systems durch den beispiellosen revolutionären Sonnenkult der ägyptischen Pharaonen Echnaton und Nofretete in der 18. Dynastie. Zu Beginn dieser von 1532 bis 1292 v. Chr. während Zeit erreichte das Pharaonenreich eine beeindruckende kulturelle Blüte, die, begünstigt von einer Ausweitung des Machtbereichs, bis weit in die vorderasiatische Region ausstrahlte. Ruinen von imposanten Tempelanlagen, Grabstätten, Obelisken und anderen großartige Bauwerke zeugen noch heute von dieser außergewöhnlichen Periode. Echnaton, vorher namhaft als Amenophis IV. (um 1351/50 – 1334 v. Chr.), und seine die Epoche mitprägende Gemahlin Nofretete revidierten die altherkömmlichen Gepflogenheiten Ägyptens und sorgten mit der Aktion, sich von den alten Göttern zu lösen und den als Sonnenscheibe abgebildeten Aton zum einzigen Gott zu erheben, für einen spektakulären Umbruch in der religiösen Weltanschauung.[43] Bei Amarna in Mittelägypten errichteten die beiden eine neue Hauptstadt mit dem Namen Achet-Aton, tilgten überlieferte

---

[43] Vgl. Christian Jacq (2000), S. 65-74.

Riten und schufen neue auf Aton ausgerichtete Heiligtümer.[44] Der angebetete Sonnengott verbreitete mit seinen belebenden Strahlen Licht und Segen, die in offen dargebotene Hände entströmten.[45]

Der Gläubige konnte daran teilhaben, wenn er den Pharao, dessen Wesen Himmel und Erde zugleich war, verehrte und als göttlichen Vermittler anerkannte.[46] In den aufgefundenen Gräbern der Untertanen aus dieser Zeit sind immer wieder Echnaton und Nofretete in besonders familiärer Atmosphäre mit den Bestatteten abgebildet. Eine beliebte Szene stellt die Fahrt des Herrscherpaars im Kampfwagen zum großen Tempel dar. Sonnenhymnen, leider oft in ungenauen Abschriften, preisen Aton und sein unermesslich schöpferisches Werk.[47] Der neue Kult hatte jedoch nicht lange Bestand. Unter dem Pharao Tut-anchamun, mutmaßlicher Sohn Echnatons mit einer seiner Nebenfrauen, dessen nahezu unberührtes Grab 1922 der britische Archäologe Howard Carter entdeckte, wurde die revolutionäre Umwandlung des gesamten religiösen und kulturellen Lebens rigoros revidiert und die alte Götterwelt wieder einge-führt. Am 11. November 1925 nahm eine wissenschaftliche Kommission erste Untersuchungen an der Mumie Tut-anchamuns vor. Der Jahrestag erinnert sowohl an St. Martin, Bischof von Tours, als auch an den Ende des 3. Jahrhunderts n. Chr. gemarterten Nationalheiligen Ägyptens Menas, dessen Name vermutlich auf den der ägyptisch-griechischen Mond-göttin geweihten Wochentag Montag (Méne) oder den Neumond (Meniskos: griech. „mondförmiger Körper") zurückgeht.[48]

---

[44] Vgl. Alain Zivie (2001), S. 4.
[45] Vgl. Kamal Sabri Kolta (1993), S. 42.
[46] Vgl. Hans D. Schneider (2000), S. 43, sowie Christian Jacq (2000), S. 164.
[47] Vgl. Eléonore Bille-De Mot (1965), S. 80-90.
[48] Vgl. Otto Wimmer u. Hartmann Melzer (1988), S. 584 u. 585.

Die Glaubensphilosophie des einzigen Gottes Aton hat die kulturell geistige Nachwelt in Wissenschaft und Kunst mehr fasziniert und zu Auseinandersetzungen angeregt als jede andere Epoche der ägyptischen Historie.[49] In der Geschichte der Menschheit war sie ein bedeutender Vorbote des Monotheismus, der heute den zentralen Glaubensinhalt der Weltreligionen Christentum, Islam, Judentum und auch der Bahai-Religion bildet. Augenfällig ist auch der enge zeitliche Bezug zu dem gebürtigen Ägypter Mose, der neben dem biblischen Stammvater Abraham als der eigentliche Vorkämpfer und Prophet des Monotheismus in der Heiligen Schrift gilt. Mit der im 13. Jahrhundert v. Chr. vermuteten Befreiung der Israeliten aus ägyptischer Gefangenschaft gab er anhaltende Impulse zur geistigen Erneuerung der Völkerfamilie, zur Religiosität und zur Gestaltung von Geschichte.[50] An der Diskussion über seine Person beteiligten sich neben Theologen, Historikern, Psychologen und Gelehrten auch zahlreiche Exponenten der neueren deutschen Literatur- und Geistesgeschichte, wie Schiller, Heine Goethe, Thomas Mann, Herder, Moses Mendelssohn, Nietzsche und Lessing.[51]

Zwei Ereignisse im Unterhaltungs- und Politikbereich bekräftigen exemplarisch die dargestellte Symbolik:

- Am 30. September 1960 startete der US-amerikanische Sender ABC (American Broadcasting Company) in der Hauptsendezeit seine Zeichentrickserie „The Flintstones" (Familie Feuerstein).

---

[49] Vgl. B. van de Walle (1976), Historischer Überblick.
[50] Vgl. Erich Zenger (2001), S. 27.
[51] Vgl. Jan Assmann (1997), S. 16.

- Am 30. September 1972 gab die ägyptische Regierung be-
  kannt, dass China dem Land ein Darlehen in Höhe von 35
  Millionen £ für die Errichtung von Fabriken im Stahl-,
  Textil- und Bausektor zinsfrei eingeräumt habe.[52]

Gefestigt wird die Ethik auch durch den 40 Meter hohen
Obelisken auf dem Petersplatz in Rom aus der im heutigen
Stadtbezirk von Kairo liegenden altägyptischen Stadt Heliopolis
(griech.: Sonnenstadt).

---

[52] Vgl. Archiv der Gegenwart (1972), S. 17375.

Abbildung 1:

Das Obelisk-Denkmal auf dem Platz des Himmlischen Friedens

Abbildung 2:
Die Sonnenstation des am Jahrestag der Nürnberger Gesetze
(1935) und der Vierten UN-Weltfrauenkonferenz in Peking
(1995) am 15.9.2002 eingeweihten Planetenlehrpfads an der
Rheinuferpromenade in Bonn[53]

---

[53]   Entwickelt von Schülerinnen und Schülern der Bertolt Brecht-Gesamt-
        schule mit Unterstützung der Marburger Blindenstudienanstalt, erbaut
        von Auszubildenden und Umschülern der Kreishandwerkerschaft Bonn/
        Rhein-Sieg.

3.3.2 Befreiungsideologie und Versöhnungswerk in ureigener Anschauung

Es gibt eine ganze Reihe von Hinweisen, dass Vorfahren der früher in Herborn lebenden und seit Jahren entschlafenen Eltern des Autors, Otto und Martha Schäfer, geb. Pech, mit der im Altertum einsetzenden tugendhaften Befreiungsideologie und religiösen sowie legitimen Moralvorstellungen besonders nahe verbunden waren. Abfall von Vielgötterei und Führung und Erlösung aus Knechtschaft und Unterdrückung prägten seit alters her das Idealbild von historischen Persönlichkeiten. Besonders zu erwähnen sind neben Mose die in der Bibel verankerten Erzählungen über Abraham, David, Alexander den Großen, Judas Makkabäus und Augustus sowie weitere, oft verschönte geschichtliche Überlieferungen über Caesar und Kleopatra, Marc Aurel, Konstantin I., Justinian I., Fatima, Harun al Raschid und Karl den Großen. Diese Aufzählung lässt sich unter Einbindung des Zeitalters der Kreuzzüge und der Reformation bis in die jetzige Zeit fortsetzen. Durch verwandtschaftliche Verflechtungen sind auch die europäischen Dynastien mehr oder weniger einbezogen. Die Vorfahren des Autors belebten diese Tradition und standen zu einer ganzen Reihe von Herrscherhäusern, einschließlich orientalischen Kalifendynastien, in spiritueller, persönlicher oder auch dynastiebegründender Beziehung. Enge und zum Teil genealogische Verbindungen bestanden auch zu Exponenten des künstlerischen und geistigen Weltkulturerbes, etwa zu Johann Sebastian Bach und Johann Wolfgang Goethe.

Belege aus der jüngeren Geschichte für die dargelegte Kohärenz sind u.a.

- die mit der Geburt einer Großmutter des Autors verknüpfte Gründung des Deutschen Reichs (Kaiserreich) im Jahr 1871 in enger Anlehnung an die Humanitätsideale Goethes;

- der zur Heiligsprechung Karls des Großen am Festtag Davids (29. Dezember 1165) und dem Kampf gegen Bolschewismus und Judentum Bezüge aufweisende Staatsputsch Adolf Hitlers am 21. Geburtstag Otto Schäfers (8. November 1923);

- der 1400 Jahre nach der mutmaßlichen Gründung des St. Katharina Klosters auf der Halbinsel Sinai durch Kaiser Justinian I. in Herborn ausgerichtete Deutsche Wandertag 1927 und

- das Richtfest zum Wiederaufbau der Paulskirche in Frankfurt am Main nach dem Zweiten Weltkrieg am 8. November 1947 und die Paraphierung des deutsch-deutschen Grundlagenvertrags am 8. November 1972.

Vielsagend sind auch enge Bezüge der Eltern zum Brauchtum und Wesen des 1. Mai, zum Widerstand gegen den Nationalsozialismus und zur Friedensbildung und internationalen Zusammenarbeit im Völkerbund und in den Vereinten Nationen.[54] Die mit der Friedensethik verknüpfte Verabschiedung der Charta der Vereinten Nationen am 26. Juni 1945 in dem durch eine Missionsstation de Asis gegründeten San Francisco, die Konstituierung der NATO exakt 210 Jahre nach der Uraufführung des Händelschen Oratoriums „Israel in Egypt" 1949 in Washington und die an Mariä Verkündigung 1957 auf dem Capitol in Rom unterzeichneten Verträge zur Europäischen Wirtschaftsgemeinschaft und Europäischen Atomgemeinschaft begründeten maßgeblich die gegenwärtige völkerverbindende Zusammenarbeit.

Eine besondere Rolle bei dem geschichtlichen Abriss spielte auch die Stadt Jerusalem, die mit der Grabstätte Christi, der Klagemauer, dem Felsendom und der Al-Aqsa-Moschee bei Christen, Juden und Moslems als heilig gilt und zusammen mit Napoleons Ägyptenfeldzug, Goethes „West-östlichem Divan", orientalischen Märchen, Preußens wissenschaftlicher Expedition nach Ägypten und Äthiopien und Wilhelms II. Reise ins Heilige

---

54 Vgl. Geschichte der Arbeiterbewegung in Hessen e.V. (2000), Ausstellung eröffnet am 1. Mai 2000 im Freilichtmuseum Hessenpark, Neu-Anspach.

Land die Orientleidenschaft besonders im 19. Jahrhundert entfachte.[55] Ihr religiöser Stellenwert wurde auch deutlich durch die nach Gründung des Völkerbundes mit finanzieller Beteiligung zahlreicher Staaten von 1919 bis 1924 errichtete Gethsemanekirche (Kirche der Nationen) am Fuß des Ölbergs. Das Spiel der israelischen Fußballnationalmannschaft am 30. Juli 1996 in Herborn, im offiziellen Jahr 3000 Jerusalems, hatte insoweit sinnbildlichen Charakter. Zwei weitere Ereignisse an diesem Jahrestag unterstreichen deren Bedeutung für den Nah-Ost-Friedensprozess. Am 30. Juli 1980 verabschiedete der Knesset das mit völkerrechtlich nicht bindender Resolution 478 des UN-Sicherheitsrats für nichtig erklärte Jerusalemgesetz mit Jerusalem als Hauptstadt Israels. Am 30. Juli 1999 bestieg Mohammed VI. den Thron von Marokko (marokkanischer Nationalfeiertag), der von seinem Vater Hassan II. den Vorsitz des Jerusalem-Ausschusses der Organisation der Konferenz islamischer Staaten übernahm. 1981 wurden zudem Altstadt und Stadtmauern Jerusalems auf Antrag des Haschemitischen Königreichs von Jordanien zum Weltkulturerbe erklärt. Seit 1982 steht dieser Bereich auf der Liste des gefährdeten Erbes.

Das historische Treffen zwischen Papst Benedikt XVI. und König Abdullah von Saudi-Arabien am 6. November 2007 und die Paraphierung des bislang noch nicht unterzeichneten Assoziationsabkommens zwischen der Europäischen Union und Syrien am 19. Oktober 2004, dem Jahrestag der Weihe des Doms St. Martin zu Rottenburg (Kathedralkirche des Bistums Rottenburg-Stuttgart), verdeutlichen weitere enge Verbindungen zum Friedensprozess und zum dargestellten Kulturerbe. Bischof Johannes Baptista Sproll, Gegner des nationalsozialistischen Regimes, weihte die Diözese Rottenburg während des Zweiten Weltkriegs am 3. Oktober 1943 der Mutter Gottes. Seit dem Jahr 1990 ist der 3. Oktober auch Tag der Deutschen Einheit und deutscher Nationalfeiertag.

---

55 Vgl. Hans-Gunther Schwarz (2003), S.9-11.

Abbildung 3:
Hoffnungsträger für einen Neuanfang nach den Waffenstill-
standsverhandlungen des Ersten Weltkriegs vom 8. – 11. November 1918: Die emanzipierte Frau und der Jüngling mit dem
Palmenzweig[56]

---

[56] Quelle: Staatsbibliothek zu Berlin – PK – Abteilung Historische Drucke
– Signatur: Yy 153/404 <a> - 1918: R

Abbildung 4:

Der Autor im Jahr 2007 an der archäologischen Stätte „Church of John Paul II" mit drei dort tätigen jordanischen Beduinen. Auf Veranlassung von König Abdullah II. von Jordanien trägt sie den Namen des Papstes und erinnert an seinen Besuch am 21. März 2000 in Bethanien am Jordan.

3.3.3 Verfolgtenhilfe und Widerstand im Dritten Reich

Die Kriegshandlungen und das Verfolgungsgeschehen bewirkten, dass sich der im Untergrund organisierte Widerstand gegen die Nationalsozialisten auch nach Ostasien ausbreitete. Die Familie des Autors beteiligte sich mit Freunden und Bekannten bereits in den zwanziger Jahren grundlegend an dem Aufbau von Widerstandsstrukturen, die in dieser Zeit primär auf die möglichst im arabischen Umfeld akzeptierte Schaffung einer nationalen Heimstätte in Palästina für die verfolgte jüdische Bevölkerung ausgerichtet waren. Nach der Machtübernahme Hitlers und den massiv einsetzenden Diskriminierungsmaßnahmen betätigten sich weitere einflussreiche Persönlichkeiten aus Politik, Kirche, Rechtsprechung, Gewerkschaften und Hochschulkreisen im Widerstand und verstärkten eine ausländische Kontaktaufnahme. Die zunehmende Vernetzung der oppositionellen Gruppierungen berücksichtigte auch eine größere Anzahl von Erzieherinnen unter Beteiligung der Mutter und einer Patentante des Autors sowie verschiedene ins Exil geflohene Autoren, Wissenschaftler, Musiker und sonstige Künstler. Etliche Beteiligte unterstützten zusammen mit Hilfsorganisationen, u.a. dem Palästinaamt in Berlin, dem Council of German Jewry in London und dem Hochkommissariat des Völkerbundes für Flüchtlinge in Lausanne (bis 1938) die Abwanderung der Juden und anderer Verfolgter aus dem Deutschen Reich. Insbesondere nach dem Pogrom der Reichskristallnacht am 9./10. November 1938 stiegen die Flüchtlingszahlen rapide an. Die Emigration der verfolgten Juden mit engagierter Hilfe der Vorfahren des Autors zeigte Parallelen auf zum Exodusgeschehen mit Moses im Alten Testament und betonte menschliches Ehrgefühl und Nächstenliebe. Besonders deutlich wurde dies bei den errettenden Transporten annähernd zehntausend jüdischer Kinder am 1. Dezember 1938 von Berlin und am 10. Dezember 1938 von Wien nach Großbritannien. Das 1936 von den Nationalsozialisten aus ideologischen und eroberungstaktischen Erwägungen umformulierte Händelsche Oratorium „Judas Makkabäus" in „Wilhelmus

von Nassauen" mit einer Hommage an den in Herborns Nach-
barstadt Dillenburg geborenen niederländischen Freiheitskämp-
fer Wilhelm I. von Oranien bewirkte, dass der Mythos von der
Rettung des auserwählten biblischen Volks vornehmlich in der
Person des Vaters des Autors auflebte und den Widerstand und
die Hilfsbereitschaft weiter stählten. Auch die dramatische Note
der polnischen Exilregierung in London an die Regierungen der
Vereinten Nationen vom 10. Dezember 1942 über die Massen-
ausrottung der Juden in den vom Deutschen Reich besetzten
polnischen Territorien appellierte an die Menschenwürde und
setzte auf die Gebote von Christenpflicht und Karitas in der für
die Verfolgten nahezu ausweglosen Situation.[57]

Otto Schäfer nutzte seine Vorrangposition im Netzwerk des Widerstands, unterhielt Beziehungen zu Winzern, engagierte sich
als begeisterter Skiläufer und Bergwanderer bei der Fluchthilfe
in Gebirgsregionen und vertiefte und verbreitete Kenntnisse
über das Lagersystem der Nationalsozialisten durch Kontakte
vor allem zum Arbeiterwiderstand und zu Fremdarbeitern. Er
beteiligte sich am Aufbau eines Systems, das u.a. Oppositionelle
aus Schlesien und den deutsch besetzten Gebieten einbezog und
im Rahmen der begrenzten Möglichkeiten Verbindungskanäle
etwa in das Vernichtungslager Auschwitz in Oberschlesien und
das Konzentrationslager Groß-Rosen in Niederschlesien legte.
Hilfreich dabei waren Kontakte zu den oberschlesischen Ho-
henlohewerke AG, die im Zweiten Weltkrieg überwiegend
Zwangsarbeiter und Kriegsgefangene beschäftigten.[58] Ähnliche
Bemühungen setzten auch in anderen Regionen ein, z.B. bei den
Konzentrationslagern Buchenwald bei Weimar und Sachsenhau-
sen bei Oranienburg. Am 22. Januar 1944 konstituierte sich auf
Initiative des amerikanischen Präsidenten Franklin D. Roosevelt
der War Refugee Board (WRB) zur Rettung der tödlich bedroh-
ten NS-Verfolgten in Europa, der sich wesentlich auf dieses

---

[57] Vgl. historicum.net/Herder-Institut.
[58] Vgl. Manfred Pawlitta (1993), S. 20.

Netz mit stützte und zahlreiche Menschen in Sicherheit bringen konnte. Am 8. November 1944 regte der Präsident des WRB leider vergeblich die Bombardierung des Auschwitz-Stammlagers und des Lagers Auschwitz-Birkenau zur Befreiung der Inhaftierten an. Die militärische Führung der USA lehnte die Operation wegen der unzulänglichen Verhältnisse ab.[59] Deutlich wird das an ethische Grundnormen anknüpfende Werk der Errettung beim Konzentrationslager Buchenwald, zu dem der Vater des Autors und weitere Familienangehörige Kanäle schmiedeten. Die Befreiung des Lagers nach einem initiierten Häftlingsaufstand mit Unterstützung von amerikanischen Truppen am 11. April 1945 ereignete sich genau 218 Jahre nach der Uraufführung der Matthäuspassion von Johann Sebastian Bach in der Thomaskirche von Leipzig.[60]

Zu den weltweiten Fluchtzielen während des Dritten Reichs gehörten auch die südamerikanischen Länder. Dabei leistete ein gleichnamiger Cousin Schäfers wertvolle Hilfe, der Einwanderungsgenehmigungen ins Deutsche Reich übersandte und sich in mehreren Staaten für die Aufnahme der Verfolgten einsetzte. Der Konzertmeister und Dirigent lebte mit seiner Familie in der chilenischen Stadt Chillan, deren Name mit „Wiege der Sonne" in der Sprache der Anden-Indianer (Mapuche) übersetzt wird. Ein Ereignis verdeutlicht auch hier den Bezug zu den dem Regenerationskreislauf unterworfenen kosmischen Gegebenheiten. Am 25. März 1969, genau zwölf Jahre nach Gründung der Europäischen Wirtschaftsgemeinschaft und Europäischen Atomgemeinschaft wurde das Observatorium La Silla der Europäischen Südsternwarte ESO in der Nähe der chilenischen Hafenstadt La Serena vom damaligen Senatspräsidenten der Republik Chile, Salvador Allende Gossens, in Anwesenheit der Bot-

---

59 Vgl. John Mendelsohn u. Donald S. Detwiler (Hrsg.) (1982), S. 102-104 u. S. 107-109.
60 Vgl. Peter Wollny (2000), S. 29.

schafter mehrerer europäischer Länder feierlich in Betrieb ge-
nommen.

Die weitverzweigte Familie des Autors trug mit einem größeren
Verwandtenkreis maßgeblich dazu bei, dass sich die rassistische
Verfolgungspolitik der Nationalsozialisten zu einem Kernan-
liegen des gesamten Widerstands entwickelte. Sie hatte dabei
Glück und wurde trotz vormaliger Kontakte zum militärischen
Widerstand nach dem gescheiterten Umsturzversuch vom 20.
Juli 1944 von den Strafaktionen nicht erfasst.

3.4 Die traditionelle chinesische Philosophie und der Weg Maos

Die Übereinstimmung mit den kosmischen Gegebenheiten war
nach altherkömmlicher chinesischer Lebensauffassung wie auch
bei einer Reihe anderer Hochkulturen stets Daseinsaufgabe und
Bestreben des einzelnen Menschen, der Familie, des Staates im
besonderen und voran des Herrschers.[61] So prägte etwa in Asien
das sakrale Herrschertum mit dem chinesischen Kaiser als Sohn
des Himmels oder dem japanischen Kaiser als Abkömmling der
Sonnen- und Lichtgöttin Amaterasu über Jahrtausende die Ge-
sellschaftsauffassung und Lebensphilosophie der Bürger in
enger Verknüpfung mit den Abläufen von Himmel und Erde
respektive Natur. Die drei großen klassischen Lehren der
chinesischen Kultur- und Geistesgeschichte, Konfuzianismus,
Taoismus und Buddhismus, und eine ganze Reihe von Ableger-
und Mischformen befassten sich mit dieser Denkweise und
prägten seit alters her mit ihren Auffassungen die Ausgestaltung
des spezifischen Weltbilds und den Lebensstil der Bevölkerung.
Der Mitte des 6. Jahrhunderts v. Chr. geborene, allseits auch
spirituell verehrte Konfuzius legte den Grundstein zu einer

---

61 Vgl. Jai-Hyuck Yang (1983), S. 208.

Philosophie, die einträchtig Naturgesetze und ordnende Macht des Himmels mit der humanen Lebensauffassung vereint. Die Ideale der Mitmenschlichkeit werden besonders betont. Die Kultur dient der Vollendung der menschlichen Natur, vornehmlich beeinflusst von der Harmonie des Menschen mit sich selbst und seinem Umfeld. Die Bewahrung der alten Kulte und Schriften verleiht dabei die notwendige innere Stärke.[62] Arbeit, Selbsterziehung und die Regeln der menschlichen Sitte bekräftigen den Weg, das konfuzianische Tao, und verhelfen zu dem Status eines Edlen, der besonders zur Güte und humanen Lebensweise verpflichtet ist.[63] Der im 4. Jahrhundert v. Chr. entstandene Taoismus geht originär auf Lao-tse, Zhuang Zhou und Lieh-tzu zurück. Mit seiner kosmischen Denkweise und Religiosität begründete er eine eigene Konfession mit etlichen Splittergruppen. Das Tao verkörpert bei dieser mythisch geprägten Lehre eine nicht fassbare Transzendenz. Diese regelt die Naturgesetzlichkeit, durchdringt sämtliche Wesen und folgt den Gesetzen des Himmels. Der Mensch ergibt sich mit Passivität und Nichthandeln in die richtungsweisende Naturordnung und erreicht den Weg von Unvollkommenheit zur Vollendung faktisch im Unterbewusstsein.

Der aus Indien stammende Buddhismus erwuchs in der chinesischen Gesellschaft bis zum 6. Jahrhundert zu einer kulturell und religiös einflussreichen Weltanschauung. Der Glaube an die Vergänglichkeit allen Daseins, an eine Wiedergeburt und das ständige Begründen und Vergehen der Welten im Kosmos charakterisieren seine Denkweise. Da gute und böse Taten die jeweilige Existenzweise im nachfolgenden Leben beeinflussen, bestimmt der Mensch mit seinen Handlungen sein persönliches Schicksal (Karma). Mit Einsicht und Erkenntnis kann er dem trostlosen und unvollkommenen Wiedergeburtskreislauf entrinnen und endgültige Erlösung erreichen.[64]

---

[62] Vgl. Helwig Schmidt-Glintzer (2006), S. 72.
[63] Vgl. Richard Wilhelm (2007), S. 35/36 u. 52.
[64] Vgl. Konrad Meisig (Hrsg.) (2005), S. 122.

Bei allen grundsätzlichen Divergenzen zu den drei klassischen Weltanschauungen würdige Mao in den dreißiger und vierziger Jahren wiederholt das mehrtausendjährige Geschichtserbe Chinas. 1938 forderte er sogar eine Zusammenfassung und Übernahme des kostbaren Vermächtnisses von Konfuzius bis Sun Yat-sen (1866 – 1925), des Vorkämpfers des Sozialismus und ersten provisorischen Präsidenten der 1912 gegründeten Republik China.[65] Dies lässt sich anhand seiner Lehren erklären, die einige mehr oder wenige auffällige Analogien zum frühen Konfuzianismus aufwiesen. Beispiele sind insbesondere der auch von den Taoisten gepriesene Idealzustand eines harmonischen, von Disziplin geprägten Staatsgebildes, das sich um die Familie bzw. die Gemeinschaft bildet, und die pädagogischen Ideen im Hinblick auf eine Erziehung ohne Klassenunterschiede.[66] Einige Autoren betonen in diesem Zusammenhang die den Zustand von Familie, Gemeinschaft, Staat und Menschheit prägende „Selbstkultivierung der Persönlichkeit".[67] Dessen ungeachtet galt der Konfuzianismus jedoch seit der Bewegung des Vierten Mai als fortschrittshemmend in der chinesischen Gesellschaft und wurde zunehmend attackiert.[68] Mao selbst kritisierte die metaphysische und mystische Geisteshaltung der Neo-Konfuzianer und Taoisten als besonders hinderlich für die Ausbildung der Wissenschaften.[69]

Guo Moruo, ab 1949 Stellvertretender Ministerpräsident der Volksrepublik und Vorsitzender der Akademie der Wissenschaften, beharrte aus ähnlichen Erwägungen schon in seinem literarischen Frühwerk auf der Einheit von Literatur und Revolution, wobei er insbesondere die Übereinstimmung von natürlichen Gegebenheiten und Volksaufstand hervorhob.[70] Die kommunistische Bewegung machte sich diese Lehre zu eigen und

---

[65] Vgl. Lutz Bieg (1974), S. 13.
[66] Vgl: Karl Pilny (2006), S. 4, sowie Brunhild Staiger (1969), S. 87.
[67] Vgl. Edgar Tomson/Jyun-hsyong Su (1972), S. 41.
[68] Vgl. Stefanie Elies (1997), S. 40-45.
[69] Vgl. Jai Hyuck Yang (1983), S. 108.
[70] Vgl. Raoul David Findeisen (2006), S. 113 u. 115.

nutzte sie, um seit den zwanziger Jahren den Klassenkampf und den Geist der Revolte in der chinesischen Gesellschaft zu verankern.[71] Mao war bestrebt, die Theorie des Marxismus-Leninismus auf die konkreten Verhältnisse Chinas anzuwenden. Aktives Eingreifen und die kämpferische Auseinandersetzung mit dem Klassengegner bestimmten bei ihm das Verhältnis zwischen Mensch und Natur.[72] Diese Haltung beeinflusste auch die auf die Einheit des Volkes gerichtete Deklaration zur Staatsgründung der Volksrepublik.

---

[71] Vgl. Werner Schilling (1971), S. 129.
[72] Vgl. Brunhild Staiger u.a. (Hrsg.) (2008), S. 474 u.480.

4.   China und die deutsche Einheit

Sowohl die Volksrepublik China als auch die Bundesrepublik Deutschland und die DDR wurden 1949 gegründet, die DDR nur wenige Tage nach der Proklamation des chinesischen Staats am 7. Oktober 1949. Die infolge einer fast einjährigen Berlin-Blockade der Sowjetunion zur Versorgung der Bevölkerung eingerichtete Luftbrücke der Alliierten nach Berlin (West) mit amerikanischen und britischen Transportflugzeugen endete simultan zur Konstituierung des Staats in Peking am 30. September 1949. Sie stellte bereits wenige Jahre nach Ende des Zweiten Weltkriegs die Berlinfrage in den Mittelpunkt des Ost-West-Konflikts. In diesem Kontext stand auch eine zeitgleich mit großer Mehrheit angenommene Entschließung des Deutschen Bundestags, mit der er sich zu Berlin als dem demokratischen Vorposten Deutschlands bekannte und feierlich vor aller Welt erklärte, „dass nach dem Willen des deutschen Volkes Groß-Berlin Bestandteil der Bundesrepublik Deutschland und ihre Hauptstadt sein soll".[73]

Während die DDR bereits 1949 diplomatische Beziehungen zur Volksrepublik aufnahm, trat der Normalisierungsprozess mit der Bundesrepublik und anderen Weststaaten erst in den Jahren 1970 bis 1974 ein. Höhepunkte waren in dieser Zeit die Aufnahme der Volksrepublik in die Vereinigten Nationen am 26. Oktober 1971 und der China-Besuch des amerikanischen Präsidenten Richard Nixon vom 21. bis 28. Februar 1972.[74] Besonders freundschaftliche Beziehungen zur DDR und eine unabhängige Machtposition gegenüber den Großmächten USA und UdSSR durch den ständigen Sitz im Weltsicherheitsrat der Vereinten Nationen bestimmten die Außenpolitik der Volksrepublik China in den folgenden Jahren.

---

[73]   Vgl. Manfred Overesch u.a. (1986), S. 778.
[74]   Vgl. Uwe G. Fabritzek (1/1975), S. 68.

Nach länger anhaltenden, vor allem von Studenten initiierten Massendemonstrationen für mehr Freiheitsrechte und gegen staatliche Korruption und Bürokratie kam es am 4. Juni 1989 auf dem Platz des Himmlischen Friedens in Peking zur Eskalation. Soldaten setzten nach bereits angeordnetem Kriegsrecht Schusswaffen und Panzerfahrzeuge gegen die zahlreichen Demonstranten ein, um die von der chinesischen Staatsführung als konterrevolutionäre Revolte angesehenen Unruhen aufzulösen. Die Aktion führte zu harten Gegenreaktionen bei den Demonstranten und endete letztendlich mit einem Massaker. Die chinesische Regierung ließ sich von der anschließenden heftigen Kritik vornehmlich des westlichen Auslands an dem Militäreinsatz und von wirtschaftlichen und politischen Sanktionen nicht beeinflussen und beharrte auf dem Standpunkt, dass die Niederschlagung der Unruhen zur Sicherstellung der innerstaatlichen Ordnung erforderlich war. Die Ostblockstaaten reagierten unterschiedlich. Während insbesondere Ungarn ebenfalls Kritik übte, reagierten SED-Führung, DDR-Volkskammer und DDR-Medien mit weitgehend vorbehaltloser Unterstützung der Partei- und Staatsführung Chinas und werteten die Geschehnisse als deren ausschließliche innere Angelegenheit. Menschenrechts- und kirchliche Gruppen in der DDR zeigten sich hingegen betroffen und arrangierten Protestmärsche und Gedenkaktionen für die Opfer.[75] Etliche Bürger hatten zudem bei den von staatlichen Übergriffen begleiteten Demonstrationen ab September mit Tausenden und ab Oktober mit Hunderttausenden von Teilnehmern die Befürchtung, dass in der DDR eine ähnliche Entwicklung eintreten könnte. Erst nach dem friedlichen Verlauf der Großdemonstration am 9. Oktober 1989 in Leipzig, das seit 1988 mit der früheren Hauptstadt der chinesischen Republik Nanking partnerschaftlich verbunden ist, zerstreuten sich die Bedenken.

Die Ereignisse um den 4. Juni überlagerte eine Abfolge bedeutender demokratischer Aktivitäten in der Bundesrepublik

---

[75]   Vgl. Werner Meißner (Hrsg.) (1995), S. 391 u. 392.

und in der DDR. Sie dienten im 200. Jahr der Französischen Revolution vornehmlich der Pflege des Kulturerbes und der Verbesserung der zwischenstaatlichen Beziehungen. Die Überlegungen der Bundesregierung und maßgeblicher Kräfte der DDR-Opposition waren zudem unter Nutzung des Jubiläumsjahrs auf eine Öffnung der Berliner Mauer ausgerichtet. Stimuliert durch die intensiveren Kulturkontakte zwischen Ost und West, u.a. die Städtepartnerschaften, die von Ungarn, der Tschechoslowakei und Polen auf besonders eindrucksvolle Weise tolerierten oder unterstützten Flüchtlingsbewegungen aus der DDR und die zum größten Teil in diesen Ländern eher einsetzenden Demokratiebewegungen offenbarten sie auch enge Bezüge zum Autor und seinen Vorfahren vor allem in Verbindung mit dem Weltkriegsgeschehen, den Menschen- und Bürgerrechten der Französischen Revolution, dem Umweltschutz und dem musikalischen, literarischen und religiösen Kulturerbe Europas. Forcierend auf die Maueröffnung wirkten zudem die durch das kulturelle europäische Vermächtnis erleichterten bilateralen Kooperations- und Handelsabkommen zwischen der EG und Ungarn, der Tschechoslowakei sowie Polen, die alle vor dem 9. November 1989 vereinbart wurden. Wegweisend war die symbolische Grundsteinlegung zum Wiederaufbau der Vorderfront der durch Bombenangriffe und – sprengung weitgehend zerstörten Synagoge in der Oranienburger Straße in Ostberlin anlässlich des 50. Gedenktags an die Reichskristallnacht am 9. November 1988.[76] Sie entfachte eine strukturelle Planung, die den Drang der DDR-Bürger nach Freiheit und Selbstbestimmung berücksichtigte und sich auch nach dem Fall der Mauer noch in Grundelementen fortsetzte. China mit seinem Gründungsmythos, den Jubiläumsfeierlichkeiten zur Staatsgründung und den deutschen Städtepartnerschaften war in diesen Prozess integriert. Aufgrund der Ereignisse um den 4. Juni und der Komplexität des Friedensprozesses blieben jedoch die Zusammenhänge gegenüber der

---

[76] Vgl. Hermann Simon (1977), S. 22 u. 23.

52

breiten Öffentlichkeit weitestgehend im Verborgenen. Mehrere zentrale Planungsschritte und Vorkommnisse, die neben einigen chinesischen Bezügen insbesondere auch anderweitige Aspekte beachteten, werden im Folgenden in der erforderlichen Gesamtschau dargestellt:

- Am 30. März 1989 erregte eine äußerst ungewöhnliche Schlagzeile in der DDR-Tageszeitung „Neues Deutschland" die Aufmerksamkeit der Leser: „Hohe Offiziere der NVA und der Bundeswehr beendeten ihre Gespräche in Hamburg". Das Treffen der beiden gegnerischen Militärbündnisse nach Jahren des Affronts und Kalten Kriegs und die Veröffentlichung im Zentralorgan der SED waren zu diesem Zeitpunkt eine echte Sensation. Sie signalisierte erstmals engagierte Bemühungen um beiderseitiges Einlenken und Deeskalation.[77]

- Genau drei Jahre nach der Reaktorkatastrophe in Tschernobyl begann die von 19 Kirchen und kirchlichen Gemeinschaften gestaltete 3. Ökumenische Versammlung für Gerechtigkeit, Frieden und Bewahrung der Schöpfung in Dresden vom 26. bis 30. April 1989, die die jahrelangen engagierten Bemühungen der Kirchen in der DDR um Entspannung und Menschenrechte fortführte. Das Gedenken an die Zerstörung Dresdens im Zweiten Weltkrieg und die intensive Debatte über Fragen des Friedens, des Umweltschutzes und der Dritten Welt einte die Teilnehmer und ermunterte zu öffentlichen Diskussionen und Aufrufen zu demokratischer Erneuerung.[78]

- Eine manipulierte Stimmenauszählung bei den Kommunalwahlen am 7. Mai 1989 löste zahlreiche Einsprüche und engagierte Proteste in der gesamten DDR aus, die noch

---

[77] Vgl. Wolfgang Scheler (2004), S. 52.
[78] Vgl. Richard Schröder (o.J.), S. 2 u. 3.

nach dem Fall der Berliner Mauer anhielten und am 6. Mai 1990 zu Neuwahlen führten.

- Der sowjetische Staats- und Parteichef Michail Gorbatschow besuchte vom 15. bis 18. Mai 1989 China und vom 12. bis 15. Juni 1989 die Bundesrepublik. Die Aufwartung in Bonn bekräftigte mit der deutsch-sowjetischen Erklärung und der Unterzeichnung zahlreicher bilateraler Abkommen das Verhältnis guter und verlässlicher Nachbarschaft und eine zukunftsgestaltende Politik über Grenzen hinweg.[79] Sein Staatsbesuch war auch hilfreich bei der Bewältigung akuter, die Bürger in weiten Teilen der DDR gefährdenden Notsituationen im Umwelt- und Nuklearbereich. Er erleichterte die Abschaltung der unsicheren Reaktorblöcke russischer Bauart des Kernkraftwerks Greifswald und die Aufgabe der umweltverseuchenden oder –belastenden Urangewinnung und –aufbereitung der sowjetisch-deutschen Aktiengesellschaft Wismut in Sachsen und Thüringen unmittelbar nach dem Fall der Berliner Mauer bzw. der deutschen Einheit. Die ökologische Sanierung der ehemaligen Bergbaustandorte erfolgt seither durch ein rein deutsches Nachfolgeunternehmen.

- Am 14. Juli 1989, dem 200. Jahrestag des Sturms auf die Bastille in Paris, fanden zwei musikalische Aufführungen in Ostberlin statt, die sich stimulierend auf die friedlichen Bürgerproteste auswirkten: Im Schauspielhaus spielte das Orchester des Schleswig-Holstein Musik-Festivals mit Leonard Bernstein Werke von Mendelssohn-Bartholdy, Debussy und Berlioz. In der deutschen Staatsoper und zeitgleich in den Opernhäusern von Karlsruhe und Essen ging die Uraufführung der Oper von Siegfried Matthus „Graf Mirabeau" über die Bühne. Die Heimatstadt des Autors Herborn war am 14. Juli 1968 eine Städtepartner-

---

[79] Vgl. Archiv der Gegenwart (1989), S. 33409-33417.

schaft mit der südfranzösischen Stadt Pertuis (Dep. Vaucluse, Provence) eingegangen, in deren Kanton das Stammschloss der Familie des eng mit der Erklärung der Menschen- und Bürgerrechte der Französischen Revolution verknüpften Protagonisten der Oper liegt. Der 26. Hessentag 1986 in Herborn und die Patenschaft zwischen Mainz und der israelischen Stadt Haifa am 30. März 1987 im Jubiläumsjahr 750 Jahre Berlin dienten bereits in den Vorjahren der Opernaufführung der Völkerverständigung und der Würdigung des gemeinsamen Kulturerbes in Ost und West.

- Bei einem von zahlreichen Oppositionellen besuchten Seminar zum Anniversar der o.a. Erklärung der Menschen- und Bürgerrechte in der Berliner Golgathagemeinde am 26. August 1989 riefen Markus Meckel und einige weitere Teilnehmer öffentlich zur Gründung der SPD in der DDR auf. 1990 fungierte Meckel für einige Monate als DDR-Außenminister.[80]

- Die am 4. September 1989 in Leipzig erstmals einsetzende Montagsdemonstration nach Friedensgebeten in der Nikolaikirche forderte Versammlungsfreiheit, Vereinigungsfreiheit und offene Grenzen. Oppositionelle trugen u.a. ein Plakat mit der Losung „Ein offenes Land für offene Menschen", das die Glasnost- und Perestroika-Politik Gorbatschows ins Gedächtnis rief.[81] Die Aktion offenbarte einen Bezug zu dem 1857 am gleichen Jahrestag feierlich enthüllten und von der DDR-Führung für nationale Kundgebungen und Ehrungen genutzten Goethe- und Schiller-Denkmal in Weimar. Das Lebenswerk der Dichterfreunde, das auch die sowjetische Militäradministration

---

[80] Vgl. Wolfgang Herzberg u. Patrik von zur Mühlen (Hrsg.) (1993), S. 42/43.
[81] Vgl. Hans Misselwitz (April 1997), S. 8.

Thüringen einige Monate nach Ende des Zweiten Weltkriegs an der Fürstengruft in Weimar auf außerordentliche
Weise ehrte, ist untrennbar mit den Freiheitsrechten
verbunden.[82]

- Vom 25. September bis 2. Oktober 1989 besuchte eine
  Delegation der DDR unter Leitung von Egon Krenz China
  und nahm an den Jubiläumsfeierlichkeiten aus Anlass des
  40. Jahrestags der Gründung der Volksrepublik teil. Höhepunkt war ein Empfang am 30. September mit rund 3.500
  Revolutionsveteranen, Repräsentanten der Bevölkerung und
  ausländischen Abordnungen.[83] Die in Peking akkreditierten
  EG-Botschafter folgten der Einladung zu dieser Festlich-
  keit, zogen sich jedoch vor den kulturellen Darbietungen
  zurück.[84] Am gleichen Tag verkündete Bundesaußenminister Hans-Dietrich Genscher vom Balkon der deutschen
  Botschaft in Prag die Zustimmung der DDR-Führung zur
  Ausreise von über 6.000 Prager und Warschauer Bot-
  schaftsflüchtlingen aus der DDR in die Bundesrepublik. Die
  Abwicklung erfolgte mit Sonderzügen der DDR-Reichs-
  bahn.

- Engagierte Bürgeraufrufe zur Gewaltfreiheit in Leipzig und
  Dresden unterstützten ab 9. Oktober 1989 erfolgreich einen
  von Willkürmaßnahmen der Polizei- und Sicherheitskräfte
  unbehelligten Verlauf der Großdemonstrationen. Diese er-
  wirkten letztendlich mit ihrer überwältigenden, durch den
  Planungsprozess und die Vernetzung zahlreicher Aktivitäten in der DDR entfachten Dynamik den Mauerfall. Auf-
  schlussreich für die Entwicklung an diesem 9. Oktober war
  die gleichzeitig sich ereignende Gründung der Händel-
  Gesellschaft in Halles (Saale) Partnerstadt Karlsruhe, der

---

82 Vgl. Lothar Ehrlich (1997). S. 263.
83 Vgl. Archiv der Gegenwart (1989), S. 33840.
84 Vgl. Anja Feege (1992), S. 129.

deutschen Residenzstadt des Rechts. An dem Jahrestag fand 768 die Königskrönung Karls des Großen in Noyon (Frankreich) statt, die man bereits im 1.200. Jubiläumsjahr 1968 exemplarisch in Halle (Saale), Bad Lauchstädt und Dresden zu Gedenkveranstaltungen mit Bezügen zu Händel, Goethe und Johann Sebastian Bach nutzte. 1989 diente nunmehr das europäische Kulturerbe in Verbindung mit Gorbatschows Einlassungen zum gemeinsamen Europäischen Haus zur systematischen und großräumigen Gestaltung der friedlichen Revolution, die die gewaltlose Wende an diesem 9. Oktober begünstigte. Den aussöhnenden Charakter des Tages eindrucksvoll bestätigende Ereignisse in Westberlin und Norwegen waren im Jubiläumsjahr 1968 die Einweihung des Universitätsklinikums Steglitz (heute: Charité Campus Benjamin Franklin) als eines der modernsten Krankenhäuser Europas und die Zuerkennung des Friedensnobelpreises an den Präsidenten des Europäischen Gerichthofs für Menschenrechte, René-Samuel Cassin.

- Der Mauerfall nach der Verkündung der sofortigen Öffnung der Grenze vor der internationalen Presse und im DDR-Fernsehen und dem Massenauflauf von passierwilligen DDR-Bürgern an den Grenzübergangsstellen in Ost-Berlin ereignete sich am Gedenktag der Weihe der Lateran-Basilika in Rom (Bischofskirche des Papstes), die originär auf das jüdische Tempelweihfest, Chanukka-Fest, zurückgeht. An diesem 9. November tagte der Rechtausschuss des Europäischen Parlaments in Berlin. In Leipzig eröffnete Ministerpräsident Johannes Rau am frühen Abend des Tages in der Leipziger Oper eine Ausstellung zum Thema: „Zeitzeichen: Stationen bildender Kunst in Nordrhein-Westfalen" und sprach, umrahmt von der Capella Coloniensis, über den Kunstaustausch zwischen Nordrhein-

Westfalen und der DDR.[85] In Rostock, in der die Kirche St. Marien das Herz der friedlichen Revolution bildete, fand an diesem Tag eine Bürgerdemonstration mit etwa 40.000 Teilnehmern statt und offenbarte einen eindrucksvollen Bezug zu Goethe und den Menschenrechten. Der Poet lernte den hier geborenen Generalfeldmarschall und renommierten Feldherrn der napoleonischen Befreiungskriege, Gebhard Leberecht von Blücher, Fürst von Wahlstatt, in Karlsbad kennen und schätzen. Das zu dessen Ehren genau 30 Jahre nach der Erklärung der Menschen- und Bürgerrechte der Französischen Revolution am 26. August 1819 in Rostock enthüllte Denkmal trägt auf dem Granitsockel eine populäre Inschrift des Poeten.[86] Seit 1988 ist die Hansestadt mit der bedeutenden chinesischen Hafenstadt Dalian partnerschaftlich verbunden. Offen bleibt, ob das vom 6. bis 9. November 1989 in Peking tagende Zentralkomitee der Kommunistischen Partei Chinas in den Planungsprozess der Öffnung der Berliner Mauer integriert war. Das Plenum akzeptierte den angekündigten Rücktritt von Deng Xiaoping als Vorsitzender der Zentralen Militärkommission und ernannte Parteichef Jiang Zemin zu seinem Nachfolger.

- Am 15. Dezember 1989, im Vorfeld der vom Volkskongress Xi'ans bereits gebilligten Städtepartnerschaft mit Dortmund, hielt der Autor einen Vortrag zum Thema „Perspektiven für die EG-Umweltpolitik 1992" vor der Industrie- und Handelskammer zu Dortmund. Die Veranstaltung stand unter der Schirmherrschaft des Vizepräsidenten des Europäischen Parlaments, Hans Peters. Sie flankierte den Aufbau eines Technologie-Zentrums in Dresden, an dem das Technologie-Zentrum Dortmund als Gesellschafter mitwirkte. Die chinesische Stadt Xi'an war im Altertum und frühen Mittelalter unter dem Namen

---

85 Vgl. Johannes Rau, Bundespräsident (1999), S. 1-3.
86 Vgl. Gero von Wilpert (1998), S. 118.

Chang'an die Hauptstadt etlicher namhafter chinesischer Dynastien.

- Vom 24. bis 26. Januar 1990 ging in Bremen eine europäische Fachtagung zur Umwelt und Stadtentwicklung vonstatten, an der auch der Autor als Vertreter der EG-Kommission teilnahm. Die Tagung rückte angesichts der besonders in Ballungsgebieten katastrophal anwachsenden Umweltbelastungen und sozialen Probleme einen ökologischen, sozialen und nachhaltigen Städtebau bei der Vollendung des europäischen Binnenmarkts in den Vordergrund.[87] Eine interessante Parallele bestand zum etwa 160 Jahre vorher entstandenen Spätwerk Goethes. Er nahm damals regen Anteil an der auf den Ausbau des Überseehandels und das kommende „Maschinenzeitalter" hinzielenden Gründung Bremerhavens an der Wesermündung durch Eigentumsvertrag zwischen dem Senat der Stadt Bremen und dem Königreich Hannover (1827).[88] In „Wilhelm Meisters Wanderjahre" und „Faust II" sah er die allgemeinen sozialen Probleme, die Eingriffe in die Naturgesetzlichkeit und sonstige Auswirkungen der beginnenden Industrialisierung voraus, die die europäische Revolution 1848/49 und die Grundrechte der Frankfurter Paulskirchenverfassung maßgeblich prägten.[89] Diese Beziehung war für alle europäischen Staatswesen elementar und geschichtsträchtig und kennzeichnete unmissverständlich den Beginn einer neuen Zeit. Bei der Wiedereinweihung der im Zweiten Weltkrieg zerstörten Paulskirche zur Hundertjahr-Feier der ersten deutschen Nationalversammlung war sie Gegenstand einer eindrucksvollen Symbolhandlung. Wenige Tage vor

---

[87] Vgl. Walter Marahrens, Christine Ax u. Gerhard Buck (Hrsg.) (1991), S. 11-38.
[88] Vgl. Burchard Scheper (März 1966), S. 2, sowie Georg Bessell (1927), S. 246-250.
[89] Vgl. Richard Meier (2002), S. 237-253, sowie Horst Köhler, Bundespräsident (2009), S. 1-11.

den Feierlichkeiten am 18. Mai 1948 startete von Bremerhaven ein Sternlauf von Fackelträgern zur Paulskirche. Diese Aktion stellt auch ein treffliches Sinnbild dar für die Verkettung von grund- und menschenrechtsrelevanten Ereignissen im Revolutionsjahr 1989 bis zum Fall der Berliner Mauer, die obendrein andere europäische Staaten über die Partnerschaft von Hansestädten zum demokratischen Umbruch ermunterten. Die Hansestadt Bremen ist wie Rostock mit der chinesischen Stadt Dalian partnerschaftlich verbunden (seit 1985).

Nach der Erstürmung der Stasi-Zentralen, umfangreichen innen- und außenpolitischen Verhandlungen einschließlich Runder Tisch und Zwei-plus-Vier-Gesprächen, freien Wahlen zur DDR-Volkskammer und zu den Kommunalparlamenten sowie diversen gesetzgeberischen Maßnahmen, vornehmlich dem Einigungsvertrag, fanden am 3. Oktober 1990 die Feierlichkeiten zum Tag der Deutschen Einheit statt. Die chinesische Regierung nutzte diesen Tag, um ihre äußerste Empörung über ein geplantes Treffen des deutschen Bundespräsidenten Richard von Weizsäcker mit dem Oberhaupt der tibetischen Buddhisten, dem Dalai Lama, kund zu zun.[90]

---

[90] Vgl. Archiv der Gegenwart (1990), S. 34931.

5. Die olympischen Sommerspiele und Paralympics 2008

Gia jou, gia jou (mehr Energie, mehr Kraft) tönte es aus zehntausenden chinesischen Kehlen bei den Finalläufen der Leichtathleten in Peking. Das Nationalstadion, wegen seiner verflochtenen runden Stahlkonstruktion auch Vogelnest genannt, war vollbesetzt und riss mit seiner begeisternden Atmosphäre auch sonst eher besonnene Zuschauer mit. Überschwang und freudige Erregung prägten Lebensgefühl und Aura auch in den anderen Wettkampfstätten, die gegen Ende der Spiele alle ausverkauft waren. Vergessen waren anfängliche Zuteilungsprobleme bei Eintrittskarten an Einheimische. Zahlreiche Plätze blieben deshalb zunächst unbesetzt. Jeder in Peking war motiviert und fühlte sich einbezogen in das friedliche Geschehen. Von der zunächst befürchteten Umweltbelastung war nichts zu spüren. Grünanlagen, Baum- und Heckenanpflanzungen, ein großflächiger U-Bahn-Ausbau, Stilllegungen von emittierenden Schloten und Fabrikanlagen und innerstädtische Verkehrsverbote sorgten für durchaus gefällige „grüne" Spiele und unterbanden den alltäglichen Dauersmog. Die 16-Millionen-Stadt erstrahlte abends im farbenprächtigen Lichtermeer. Überall wiesen Plakate, Transparente und niedliche, Glück, Geschick, Freude, Gesundheit und Frieden verkündende Olympiamaskottchen auf die Spiele hin. Kunstvolle gärtnerische Anlagen säumten den Platz des Himmlischen Friedens und dekorierten Symbole der Harmonie und das Motto der Spiele „One World One Dream" geschmackvoll mit Blumen. Alle Cafés, Gaststätten und Restaurants übertrugen die Sportereignisse und zogen Betrachter in ihren Bann. Studentinnen und Studenten umlagerten scharenweise die überfüllten Poststellen und verkauften fantasievoll gestaltete Sondermarken. Unzählige freundliche Verkäuferinnen und Verkäufer veräußerten in fast jedem Shop oder Kaufhaus zugehörige Souvenirs, T-Shirts mit Attraktionen der Wettbewerbe, mit den fünf Ringen verzierte Backwaren oder olympisch verpackte Unterhaltungselektronik.

Wertvollen Beistand leisteten hunderttausende junge Volontäre in überwiegend blau-weißer Einheitstracht. Sie halfen bei der Abwicklung der Sportveranstaltungen und harrten in Gruppen an Stadien und touristischen Schwerpunkten, um den Besuchern Rede und Antwort zu stehen. Neugierige Zaungäste ohne Eintrittskarten kamen auch so zurecht. Ihnen genügte bereits der Blick auf die Sportstätten zur unbekümmerten Freude. Diese waren neu errichtet oder trefflich renoviert und wirkten meist höchst attraktiv. Sie bildeten das kreative Gerüst und den Rahmen der fröhlichen Spiele, die im unmittelbaren Vorfeld jedoch enormen Belastungen ausgesetzt waren. Die Probleme begannen mit dem olympischen Fackellauf und seinem friedvollen Slogan „Reise der Harmonie". Tibetische Aktivisten, die für die Unabhängigkeit ihrer Region eintraten und seit März des Jahres zehntausende Demonstranten aktivierten, versuchten, das bedeutende Freundschaftsereignis im In- und Ausland zu stören und schreckten dabei auch nicht vor gewaltsamen Aktionen zurück. Die chinesische Regierung bekämpfte die Proteste rigoros und provozierte damit in einer ganzen Reihe von Staaten geharnischte Proteste von Politikern, Menschenrechtsgruppen und anderen zivilgesellschaftlichen Organisationen. Auch die Auslandspresse brandmarkte das chinesische Vorgehen. Aufrufe zu einem Olympia-Boykott blieben jedoch erfolglos. Das Internationale Olympische Komitee und alle anerkannten nationalen Komitees lehnten ihn ab, verurteilten Gewaltanwendung jedweder Art beim Fackellauf und dem Verlauf der Spiele und verlangten entschieden eine friedliche Lösung des Tibetproblems.

Wegen der ausufernden Belästigungen kam es nach der traditionell üblichen Zündung des olympischen Feuers mit Hilfe eines die Sonnenstrahlen bündelnden Hohlspiegels im heiligen Hain von Olympia am Ostermontag, dem 24. März 2008, zu mehreren unliebsamen Unterbrechungen, besonders in London und Paris. In San Francisco und einigen anderen Orten führte dies kurzfristig zur Verlegung oder Kürzung der vorgesehenen

Route, die alle fünf Kontinente der Erde berücksichtigte. Besonders spektakulär war die Besteigung des Mount Everest am 8. Mai, dem Jahrestag des Ende des Zweiten Weltkriegs, drei Monate vor Beginn der Wettkämpfe in Peking. Zwölf chinesische Bergsteiger, darunter einige Tibeter, trugen die olympische Flamme auf das 8848 Meter hohe Dach der Welt. Die Tibeterin Cering Wangmo erklomm als erste den Gipfel mit der schwächlich glimmenden Fackel, der Wind und Wetter enorm zusetzten, und sorgte mit ihren Kameraden für eine grandiose vorolympische Attraktion. Einige Tage später, am 12. Mai, war die Welt jedoch nicht mehr in Ordnung. In der chinesischen Provinz Sichuan ereignete sich ein entsetzliches Erdbeben mit der Stärke 7,9, das mehr als 80.000 Menschenleben forderte. Die chinesische Regierung ordnete eine dreitägige Staatstrauer an, in der der Fackellauf aussetzte. Die gesamte Nation rückte im Leid zusammen und erlebte eine unsagbare Anteilnahme und Solidarität mit den tragischen Opfern. Die verheerende Katastrophe begleitete von nun an das olympische Feuer durch die Städte und Regionen des Erdballs und verschleierte vielerorts das Tibetproblem. Zeremonien und Feierlichkeiten wurden gekürzt, auch die gewalttätigen Proteste gingen rapide zurück, möglicherweise beeinflusst von Aufrufen des Dalai Lama zur Gewaltlosigkeit.

Neben der Menschenrechtslage und der hohen Anzahl von vollstreckten Todesurteilen wurde auch die Beschränkung von Pressefreiheit und Internetzugang kritisiert. Besonders die zahlreichen ausländischen Journalisten fühlten sich in ihren Zugriffsrechten und Recherchemöglichkeiten im olympischen Pressezentrum eingeengt. Der Druck von Politik, Presse und öffentlicher Meinung und das Engagement des Internationalen Olympischen Komitees (IOC) führten zwar zu einer Lockerung der Blockadehaltung, konnten aber an der strikten Internetzensur insbesondere gegenüber Minderheiten, Dissidenten und Menschenrechtlern nichts ändern. Auch die erklärte Vorsicht gegenüber dem Turkvolk der Uiguren wegen nicht völlig auszuschließender Terrorgefahren wurde verschiedentlich als überzogen angesehen. Ausgerechnet am Eröffnungstag der Spiele, am 8. August, ereignete sich eine weitere gravierende Tragödie im asiatischen Raum. Territoriale Unstimmigkeiten zwischen Georgien und Russland über die autonomen Gebiete Georgiens, Südossetien und Abchasien, arteten zu einem regionalen Krieg aus und erschütterten die einzigartige Friedenssymbolik der Spiele. Erfreulicherweise trotzte der olympische Gemeinschaftsgeist dem unwillkommenen und ent-würdigenden Ereignis und inszenierte eine glanzvolle Eröffnungsfeier, die eine fantasievolle Reise durch die 5000-jährige chinesische Geschichte im Nationalstadion darbot. Über 80 Staatschefs, darunter George W. Bush, Wladimir Putin und Nicolas Sarkozy verfolgten das Spektakel, das in den folgenden Tagen die gesamte Weltbevölkerung in ihren Bann zog. Über 11.000 Sportler aus 204 Nationen wetteiferten in Qingdao im Segeln, in Hongkong in den Reitwettbewerben, in Shanghai, Qinhuangdao, Tianjin und Shenyang im Fußball und in Peking in den übrigen Disziplinen um Sieg und Platzierung und erfreuten sich an gut organisierten und sympathischen Spielen und an der Begeisterung der Zuschauer. Allen Unkenrufen zum Trotz gewannen auch die Dopingfälle nicht an Boden, wenngleich die Kritik an den Kontrollmodalitäten nicht verstummte. Bei der prächtigen olympischen Schlussfeier am 24. August 2008 in Peking zollte der Präsident des IOC, Jacques Rogge, dem Gastgeber ein hohes Lob. „Es waren wahrhaft außergewöhnliche Spiele." „Die Welt hat mehr über China gelernt, und China mehr über die Welt", rief er den Zuschauern im Vogelnest zu, bevor er die Olympische Flagge an den Ausrichter der Sommerspiele 2012, Londons Bürgermeister Boris Johnson, weiterreichte. Zuvor errichteten chinesische Artisten mit ihren Körpern inmitten des Stadions einen Turm der Erinnerung, der mit seinen ständig wechselnden Mustern wie eine geschmeidige menschliche Pagode oder Pyramide wirkte. Mit Sportgeist und Eintracht können die Menschen über alle Zeiten den Friedenstempel formen und stützen, resümierte ein unbedarfter Zuschauer und Komparse in Reihe 18, Sitzplatz 7, Sektor G beim Anblick dieser großartigen künstlerischen Aktion.

Die behinderten Spitzensportler aus aller Welt wetteiferten vom 6. bis 17. September 2008 in China anlässlich der 13. Paralympics um Sieg und Platzierung. Amputierte, Sehbehinderte, Rollstuhlsportler, Athleten mit motorischer Einschränkung (Cerebralparetiker) und Sportler mit anderer körperlicher Behinderung, z.B. Kleinwüchsige, maßen sich in 20 Sportarten in verschiedenen Wettkampfklassen. Die Sportstätten waren die gleichen wie bei den vorausgehenden Spielen der Nichtbehinderten. Nur die Fußballmatches fanden diesmal ausschließlich in Peking statt. Notorische Skeptiker wurden überrascht. Begeisterte Zuschauer füllten auch hier überall die Stadien. Mit warmherziger Sympathie und Leidenschaft spornten sie die Athleten an. Unbekümmerte Freude, gestärktes Selbstvertrauen und olympischer Kampfgeist herrschte bei den Sportlern vor, die vor Jahren in vielen Ländern der Welt noch im gesellschaftlichen Schatten und unter weitgehender Missachtung lebten. Die Medien übertrugen die fantastische Stimmung in das ganze Land und zu den anderen Nationen. Bundespräsident Horst Köhler, der den Paralympics beiwohnte, lobte die große Hilfsbereitschaft und Gastfreundschaft des Gastgebers. Er sei sicher, „dass die Olympischen Spiele und die Paralympics zur weiteren Reform und Öffnung Chinas beitragen werden", äußerte er bei einem Empfang.[91]

---

[91]   Zitiert nach Petra Kolonko (8. September 2008), FAZ, S. 7.

Abbildung 5:

Hilfsbereite chinesische Volontäre vor dem Nationalstadion in Peking (Vogelnest)

Abbildung 6:
Olympia-Gäste aus der Tschechischen Republik entrollen die
Nationalflagge ihres Landes bei dem Besuch des Autors im
früheren Kaiserpalast in Peking.

Abbildung 7:
Die fünf offiziellen Maskottchen der Spiele, die Glück, Geschick, Freude, Gesundheit und Frieden und auch die Fünf-Elemente-Lehre des Taoismus (Wasser, Holz, Feuer, Erde und Metall) symbolisieren. Ihre Farben entsprechen denen der Olympischen Ringe.

6. Chinas Gegenwart und Zukunft in einer sich ausbildenden multipolaren Weltordnung

An das Weltreich China grenzen 14 Nachbarstaaten. Russland, Indien und Pakistan sind Atommächte, Nordkorea strebt diese Position an und Afghanistan ist ein Land, dessen Unruhen und extrem schwierigen Demokratisierungsbestrebungen die allerhöchsten Anforderungen an die Anrainerstaaten und die Völkergemeinschaft in Ost und West stellen. Die zu lösenden Probleme erfordern ein außerordentliches Maß an diplomatischem Geschick in der präventiven Konfliktabwehr und Krisenbewältigung. Mit seinem ständigen Sitz im Weltsicherheitsrat stellt sich China den Herausforderungen seit nahezu vier Jahrzehnten und verfolgt dort seit geraumer Zeit eine beschwichtigende Deeskalationsstrategie. Bei UN-Friedensmissionen ist das Land ein zunehmend wirksamer Akteur. Anfang 2008 stellte es für die Friedenswahrung in zwölf Missionen (u.a. im Sudan und in Liberia) etwa 1.800 Soldaten und Polizisten ab.[92] Im medizinischen und technischen Bereich ist das Engagement besonders ausgeprägt.[93]

Mit seiner Mitgliedschaft in wichtigen internationalen Organisationen, u.a. den G 20 und der Welthandelsorganisation (WTO) sowie in einer Reihe von regionalen Organisationen und Gremien unterstreicht China sein ständig zunehmendes außenpolitisches Gewicht und bekundet Bereitschaft zur engagierten multilateralen Kooperation. Regional einflussreich sind vor allem die Asiatisch-Pazifische Wirtschaftsgemeinschaft (APEC), die Vereinigung südostasiatischer Staaten erweitert um China, Japan und Südkorea (ASEAN + 3) und die Shanghaier Organisation für Zusammenarbeit (SCO) mit Sitz in Peking, deren sechs Mitgliedsländer (China, Russland, Kasachstan, Tadschikistan, Kirgistan und Usbekistan) vor allem im Kampf gegen Terror und Extremismus kooperieren.

---

92 Vgl. Bundestags-Drucksache 16/9513 (6.6.2008), S. 55.
93 Vgl. Gudrun Wacker (April 2008), S. 19.

Das außerordentliche Wirtschaftswachstum der letzten Jahre sicherte China einen außenpolitischen Rang in Augenhöhe zu der führenden Weltmacht USA und der Europäischen Union. Eine Führungsrolle des Landes wird auf mittlere Sicht für denkbar gehalten. Die angestrebte Internationalisierung des chinesischen Yuan als Weltwährung zielt bereits in diese Richtung. Zur Zeit sind es jedoch meist noch innerstaatliche Probleme im Umweltschutz, in der Divergenz von Arm und Reich, in der sukzessive auf rechtsstaatliche Strukturen abzielenden Menschenrechtspolitik und bei der Integration der tibetischen und der uigurischen Bevölkerungsgruppe, die eine Vormachtstellung Chinas behindern. Heikel sind insbesondere die mit der wirtschaftlichen Entfaltung einhergehende extrem hohe CO_2-Intensität der Produktion und die gebietsweise noch unzureichende Qualität der Oberflächengewässer. Deutschland leistet hier Hilfestellung und vereinbarte Ende 2006 einen Umweltdialog, der Themen des Abfall-, Abwasser und Chemikalienmanagements, der biologischen Vielfalt, der Anlagensicherheit und der Kooperation bei Clean Development-Mechanismen umfasst. Unter Armut leiden hauptsächlich Provinzen im Westen und Nordosten Chinas. Überdies bereitet das Pro-Kopf-Einkommen der Beschäftigten in der Landwirtschaft, die mit 42 v.H. den Hauptteil der Gesamtbeschäftigten stellen, Sorge. Dies macht nur etwa ein Drittel der Einkommen der Städter aus. Die hohe Arbeitslosigkeit und der strukturelle Anpassungsprozess in den ländlichen Regionen verschärfen die Not und zwingen eine zunehmende Anzahl von Menschen, in den Städten nach Aushilfsarbeiten zu suchen.[94]

In den USA beobachtet man den vorrangig auf gesamtwirtschaftliche Entwicklung bedachten Rivalen sehr genau und bemüht sich, mitunter verbreitete Ängste ins Nebulöse zu verdrängen. Eine beständige Positionierung in der asiatisch-pazifischen Region und der Ausbau kooperativer Beziehungen steht im Vor-

---

[94] Vgl. Bundestags-Drucksache 16/9513 (6.6.2008), S. 67-71 u. S. 10-11.

dergrund der amerikanischen Bemühungen.[95] Die unverhohlene Kritik an dem ausgeweiteten chinesischen Militärhaushalt und an Rüstungsverkäufen an sensible Staaten, wie Nordkorea oder Iran, wird überdeckt von eigenen Problemen vor allem im wirtschaftlichen Bereich mit China als größtem Kreditor bzw. Investor in US-Staatsanleihen.

Am 30. Januar 2009 trafen sich hochrangige Delegationen Chinas und der Europäischen Kommission unter der Leitung von Ministerpräsident Wen Jiabao und Präsident José Manuel Barroso in Brüssel und unterzeichneten neun Kooperationsabkommen u.a. über Sicherheit und Gesundheitsschutz am Arbeitsplatz, ein europäisch-chinesisches Zentrum für saubere Energie und ein Programm für verbesserte Studien- und Lehrmöglichkeiten in Europa und China (Erasmus Mundus-Programm). Seit 2007 verhandeln die EU und China zudem über ein mehr als 20 Sektoren umfassendes Partnerschafts- und Kooperationsabkommen. Das Europäische Parlament hat diesbezüglich am 5. Februar 2009 in einer auf die Handels- und Wirtschaftsbeziehungen eingehenden Entschließung betont, dass das neue Abkommen „auf einen freien und fairen Handel ausgerichtet sein sollte, der auf der Durchsetzung von Klauseln zu Menschenrechten, Umweltbelangen, Fragen der nachhaltigen Entwicklung und sozialen Aspekten beruht". [96] Die von wirtschaftsliberalem Gedankengut geprägte Entschließung würdigt mehrfach die herausragende Bedeutung des Handels mit China. Beide Seiten streben künftig eine engere und stärkere strategische Partnerschaft mit mehr Offenheit und Verantwortung an. Unmittelbar vor den Brüsseler Verhandlungen Ende Januar traf sich Wen Jiabao mit Bundeskanzlerin Angela Merkel und Bundesaußenminister Frank-Walter Steinmeier in Berlin. Die beiden Regierungen unterstrichen ihre engen Beziehungen in der

---

[95] Vgl. Eberhard Sandschneider (2007), S. 128.
[96] Vgl. Europäisches Parlament (2008/2171 (INI)): Entschließung vom 5. Februar 2009, P. 64.

Finanzkrise und debattierten über Minderheitenprobleme der Tibeter und allgemeine Menschenrechtsfragen. Die beiden größten Exportmächte der Welt vereinbarten Kooperationen in den Bereichen Wirtschaft und Kultur und unterzeichneten ein Rahmenabkommen über Umwelttechnologien und Kreislaufwirtschaft sowie ein Memorandum of Understanding zur Bekämpfung des Klimawandels. Letzteres beinhaltet eine enge Kooperation in allen wesentlichen Bereichen der Klimapolitik einschließlich Forschung und Technologie.[97] Den chinesischen Ministerpräsidenten begleiteten auf seiner Europareise zahlreiche Unternehmer, die besonders auch in Deutschland gezielt Kontakte suchten. Probleme traten im Juni des Jahres auf, als aus der deutschen Wirtschaft Stimmen laut wurden, die China Protektionismus bei der Vergabe von Aufträgen aus dem fast 430 Milliarden Euro umfassenden nationalen Konjunkturprogramm vorwarfen.

Gegenüber seinen Nachbarstaaten und im regionalen Umfeld bemühte sich China in den vergangenen Jahren um eine harmonische und ausgleichende Politik, um mancherorts aufkommende Befürchtungen vor einer erdrückenden Dominanz des Landes im asiatischen Raum zu zerstreuen.

- Der flächenmäßig größte Staat der Welt, Russland, und China feiern 2009 das 60. Jahr ihrer diplomatischen Beziehungen. Beide Länder pflegen freundschaftliche Kontakte und präferieren eine multipolare Weltordnung. Ihre 1997 vereinbarte strategische Partnerschaft und ein Vertrag über gute Nachbarschaft, Freundschaft und Zusammenarbeit aus dem Jahr 2001 sind wesentliche Grundlagen der Zusammenarbeit, die durch regelmäßige Treffen der Staatsoberhäupter bekräftigt wird. Ihre gemeinsame Interessen-

---

97 Vgl. Bundesministerium für Umwelt, Naturschutz und Reaktorsicherheit (April 2009), S. 254.

lage bekunden sie bei bedeutenden politischen Angelegenheiten durch ein weitgehend koordiniertes Vorgehen im
Weltsicherheitsrat. Kernbereiche der bilateralen Zusammenarbeit sind[98]

- •• die gemeinsame Bekämpfung von Terror und Drogen-
  handel in der SCO;
- •• die Lieferung von russischem Erdöl und Erdgas an
  China und der Bau einer Ölpipelineabzweigung zur chinesischen Grenze gegen die Einräumung eines Milliar-
  denkredits;
- •• das Jahr der russischen Sprache in China 2009 und der
  chinesischen Sprache in Russland 2010;
- •• eine enge Abstimmung der Weltraumprogramme;
- •• ein gemeinsames chinesisch-russisches Manöver im
  Sommer 2009 im Nordosten Chinas (Peace Mission
  2009).

- Die enge wirtschaftliche Kooperation Chinas mit ASEAN
  ist vor allem auf die Errichtung einer Freihandelszone im
  Jahr 2010 ausgerichtet, wobei die bisherigen diesbezüg-
  lichen Vereinbarungen mit der Staatengemeinschaft jedoch
  nicht einheitlich für alle ASEAN-Länder gelten. Ethnische
  Probleme unter der Militärjunta Birmas und Unruhen in
  Thailand verhinderten zuletzt Fortschritte in der wirtschaftlichen Annäherung. Im April 2009 wurde nach politischen
  Tumulten ein Gipfel der ostasiatischen Staaten in Pattaya
  abgebrochen, auf dem eine gemeinsame Haltung in der
  Weltwirtschaftskrise vereinbart werden sollte.

- Die historisch sehr belasteten Beziehungen Chinas zu Japan
  haben sich im Rahmen der Globalisierung und engen wirtschaftlichen Verflechtung sichtlich entspannt. Die öffentliche Kritik der japanischen Regierung im Jahr 2008 an den

---

[98] Vgl. Sergei Wiktorowitsch Lawrow, Außenminister Russlands (27. Mai
2009), Interview.

steigenden Militärausgaben Chinas offenbart aber nach wie vor zwiespältige Empfindungen gegenüber dem ständig zunehmenden politischen Gewicht des Nachbarn. Als enger Bündnispartner der USA, bedeutende Volkswirtschaft und beeindruckender Finanzier in humanitären Angelegenheiten konnte Japan in den letzten Jahrzehnten seinen politischen Einfluss in der Welt auch ohne den Besitz von Atomwaffen weitgehend manifestieren. In der Rezession rückt das Land nun enger mit China und Südkorea zusammen und sucht nach gemeinsamen Lösungsansätzen. Auch in der Erkundung oder Nutzung von Öl- und Gasvorkommen und in der gemeinschaftlichen Nutzung von Fischgründen kooperieren die drei Staaten.[99] Die seit 1992 systematisch ausgebauten diplomatischen Beziehungen zwischen Südkorea und China erleichtern das gegenseitige Einvernehmen.

- Das Verhältnis zu Nordkorea, langjähriger Bündnispartner Chinas, ist gegenwärtig großen Belastungen ausgesetzt. Nach der Verurteilung eines Raketenstarts durch den UN-Sicherheitsrat brach das Land im April 2009 die maßgeblich von China unterstützten Sechser-Gespräche zwischen den USA, Russland, China, Japan sowie Nord- und Südkorea zur Beendigung seines Atomprogramms ab. Es verwies die Inspekteure der Internationalen Atomenergiebehörde (IAEA) des Landes, nahm die Produktion von waffenfähigem Plutonium aus abgebrannten Kernbrennstäben wieder auf und zündete nach 2006 nach eigenen Angaben erneut unterirdisch einen Atomsprengsatz. Auf verschärfte Sanktionen des Weltsicherheitsrats reagierte Nordkorea mit Androhungen militärischer Kampfhandlungen und warnte vor der Gefahr eines Atomkriegs. Eine konfliktfreie Annäherung zwischen Nord- und Südkorea und eine nuklearwaffenfreie koreanische Halbinsel dürften unter den gege-

---

[99] Vgl. Parag Khanna (2008), S. 402.

benen Verhältnissen auf absehbare Zeit nicht zu erreichen sein.

- Im Verhältnis Chinas zu Taiwan deutet sich demgegenüber seit dem Amtsantritt von Präsident Ma Ying-jeou im Mai 2008 eine friedliche Entspannung an. Ein Rahmenabkommen über die wirtschaftliche Zusammenarbeit, ein Finanzabkommen über Auslandsinvestitionen und ein Friedensvertrag zwischen der Volksrepublik und Taiwan sind anvisiert und nach taiwanischen Regierungskreisen darauf ausgerichtet, die Befürchtungen oppositioneller Kreise im Hinblick auf Souveränitätsverluste des Landes zu zerstreuen.

- Vor etwa zehn Jahren setzte der Normalisierungsprozess zwischen China und Indien ein, der sich seit 2006 noch verstärkte und trotz immer wieder auftretender Spannungen an einigen Grenzabschnitten inzwischen zu friedfertigen und partnerschaftlichen Beziehungen führte. Besonders die Hochtechnologie löste in Indien einen wirtschaftlichen Boom mit hohen Wachstumsraten aus und ermöglichte es dem Land, trotz verbreiteter Armut, beträchtlichen Umweltbelastungen und Infrastrukturmängeln in diversen Bereichen zu den traditionellen Industrieländern aufzuschließen. China und Indien fordern eine stärkere Einbeziehung der Schwellenländer in die weltweiten Verhandlungen und halten auch nach dem G 20-Gipfel am 2. April 2009 in London weitergehende Änderungen der internationalen Wirtschafts- und Finanzordnung zur Bekämpfung der Weltwirtschaftskrise für erforderlich. Seitens der westlichen Staaten sehen sie sich mit der Aufforderung konfrontiert, den CO_2-Anstieg in ihren Ländern zur Begrenzung der Erderwärmung mit einschneidenden Klimaschutzverpflichtungen zu bekämpfen.

- Zu Pakistan unterhält China traditionell gute freundschaftliche Kontakte. Terrorgefahren und der Vormarsch der

Taliban in die Nähe von Islamabad im Frühjahr 2009 führten zu Kampfhandlungen der pakistanischen Armee mit den militanten Extremisten und beträchtlichen Flüchtlingsbewegungen. Unterstützung erhielt die Armee durch amerikanische Drohnenangriffe auf Terroristenziele der Taliban. Auf der letzten Afghanistan-Konferenz der SCO in Moskau am 27. März 2009 teilte Pakistan mit, dass es die Vollmitgliedschaft in der Organisation anstrebt. Diese Absicht ist gutzuheißen. Eine engere Zusammenarbeit asiatischer Staaten beim Kampf gegen militante Gruppierungen und bei den Bemühungen um eine Stabilisierung der kritischen Regionen ist auch im Interesse der westlichen Welt und unterstützt die Operation und Aufbauarbeit der ISAF-Schutztruppen unter Führung der NATO und der US-Truppen „Operation Enduring Freedom" in Afghanistan.

Wegen seines immensen wirtschaftlichen Wachstums ist China auf ständig steigende Importe von Rohstoffen und Energieträgern angewiesen. Aus afrikanischen Staaten führt es u.a. Kupfer, Zink und Uran und aus westasiatischen oder afrikanischen Staaten Rohöl ein, aus dem Iran künftig vermehrt auch Flüssiggas. In diesen Regionen zählt China mittlerweile zu den dominierenden Handelsnationen und leistet insbesondere in den Entwicklungsländern Afrikas über die Rohstoffverträge hinaus wichtige finanzielle Unterstützung und Aufbauhilfen in Infrastruktur, Verkehr, Bildung und Gesundheitsvorsorge. Es besteht die Hoffnung, dass mit der bewährten Zusammenarbeit der letzten Jahre die negativen Auswirkungen der Weltwirtschaftskrise mit Betriebsstilllegungen und erhöhter Arbeitslosigkeit in den ärmsten Ländern der Welt überwunden werden können. Staatspräsident Hu Jintao und Ministerpräsident Wen Jiabao besuchten seit ihrem Amtsantritt im März 2003 mehrfach westasiatische und afrikanische Staaten und hießen auch deren

Repräsentanten in Peking willkommen. Einige Beispiele belegen diese guten Kontakte:

- Hu Jintao reiste im Februar nach Saudi-Arabien, Mali, Senegal, Tansania und Mauritius. In Saudi-Arabien besuchte er mehrere gemeinsame Projekte im Energie- und Baubereich und verabredete mit König Abdullah Bin Abdul-Aziz eine Intensivierung der freundschaftlichen Beziehungen zwischen den beiden Staaten.

- Chinesische Unternehmen unterhalten seit Jahren gute wirtschaftliche Beziehungen zum Iran und unterzeichneten zuletzt im März 2009 einen Vertrag zur Produktion von Flüssiggas im Wert von über drei Milliarden Dollar. Nach öffentlichen Darlegungen von Wen Jiabao unterstützt das Land den Rechtsanspruch des Iran auf friedliche Nutzung von Atomkraft und beanstandet weiterreichende Sanktionen der Vereinten Nationen gegen den Iran, um ihn zur Aufgabe seiner nuklearen Aktivitäten zu bewegen. Demgegenüber befürchten insbesondere die USA, Israel und mehrere dem Sanktionsregime der EU folgende westliche Staaten, darunter auch die Bundesrepublik, dass der Iran seine Nukleartechnik zur Produktion von Atomwaffen missbraucht. Die Staats- und Regierungschefs der G 8 appellierten Anfang Juli 2009 in L'Aquila (Italien) an den Iran, kurzfristig an einer Verhandlungslösung in der Atomfrage mitzuwirken. Dabei zeigten sie sich auch bereit, unter entsprechenden Auflagen eine ausschließlich zivile Verwendung der Atomenergie zu akzeptieren. Falls sich keine Einigung abzeichnet, sollen nach dem G 20-Gipfel Ende September 2009 in Pittsburgh etwaige verschärfte Sanktionen ausgearbeitet werden. Nach der Niederschlagung der massiven Proteste im Iran gegen die Stimmenauszählung der Präsidentenwahl am 12. Juni 2009 sind Einigungsgespräche noch schwieriger geworden.

- König Abdullah II. Bin Al-Hussein von Jordanien besuchte Ende Oktober 2007 aus Anlass dreißigjähriger Beziehungen China. In einem Gespräch mit Wen Jiabao würdigte er die vertrauten Verbindungen zwischen den beiden Staaten und bedankte sich für die engagierte Rolle Chinas bei der wirtschaftlichen und sozialen Entwicklung seines Landes. Er kündigte neue und verbesserte Strategien der Kooperation an, um chinesischen Unternehmen künftig weitere Investitionen zu ermöglichen.

- Nach Medienberichten erhielt ein Konsortium der Konzerne China National Petroleum (CNPC) und British Petroleum (BP) Ende Juni 2009 den Zuschlag für die Erschließung eines bedeutenden Erdölvorkommens im Süden des Irak. Es handelt sich um die erstmalige Erteilung einer Ölförderlizenz an ausländische Unternehmen seit der Verstaatlichung des Energiesektors im Jahr 1972. Der Irak verfügt weltweit über die drittgrößten Erdölreserven.

- In seiner Rede zur Eröffnung des 18. Knesset am 24. Februar 2009 hob der israelische Präsident Shimon Peres bedeutungsvolle Verbindungen seines Landes zu Indien und China hervor. Die Volksrepublik und Israel arbeiten in diversen Bereichen eng zusammen und betreiben einen äußerst regen Handelsaustausch, insbesondere auch mit Hightech-Artikeln. 2007 löste China Deutschland als zweitwichtigstes Importland Israels nach den USA ab.

- Im April 2009 trafen sich der ägyptische Präsident Hosni Mubarak und der chinesische Außenminister Yang Jiechi in Kairo. Mubarak verwies auf seinen ersten Chinabesuch im Jahr 1976 und würdigte die über Jahrzehnte gute und freundschaftliche Zusammenarbeit zwischen den beiden Ländern. Eine Intensivierung der Beziehungen sei förderlich für die Lösung vielfältiger internationaler und regionaler Probleme und für den Friedensprozess im Nahen und

Mittleren Osten. Nach Darlegung von Jiechi trug vor allem auch die 1999 abgeschlossene Vereinbarung über eine strategische Zusammenarbeit im 21. Jahrhundert zur Vertrauensbildung, wirtschaftlichen Kooperation und Kommunikation bei. Auf einer Konferenz im ägyptischen Sharm el-Sheikh, die sich im März 2009 mit dem Wiederaufbau im Gaza-Streifen befasste, sagte der chinesische Nah-Ost-Sonderbeauftragte Sun Bigan finanzielle Mittel zur Wiedererrichtung einer bei bewaffneten Konflikten zerstörten Grundschule zu.

- Am dritten China-Afrika-Kooperationsforum 2006 in Peking nahmen die Regierungschefs und Vertreter von 48 afrikanischen Staaten teil und beschlossen einen verstärkten Ausbau der wirtschaftlichen und politischen Zusammenarbeit. Mittlerweile ist das Handelsvolumen zwischen China und Afrika auf über 100 Mrd. US-Dollar angewachsen. Die Volksrepublik bietet dabei mit einer verantwortungsvollen Politik den Stimmen Paroli, die dem Land Ausbeutung und Unterstützung von korrupten Staaten und Despoten vorwerfen. Das nächste Kooperationsforum findet 2009 in Ägypten statt.

China ist der wichtigste Wirtschaftspartner Australiens und bezieht zum Beispiel Eisenerz, Uran und Flüssiggas aus dem fünften Erdteil. Andererseits exportiert es einen wesentlichen Teil der Konsumgüter für den australischen Markt. Als ein nächstes großes Projekt leitet die Aluminium Corporation of China ab Ende 2009 Rüstarbeiten für den Abbau von Bauxitvorkommen in Nordostaustralien mit Investitionskosten in Höhe von 2,8 Mrd. US-Dollar in die Wege. Wenig erfolgreich waren bisher die Bemühungen um den Abschluss eines Freihandelsabkommens. Als Vorbild könnte Neuseeland dienen, das sich im April 2008 mit der Volksrepublik auf ein solches Abkommen einigte. Bei den guten Kontakten zwischen Australien und China ist es bemerkenswert, dass Australien sein expansives militärisches Aufrüstungsprogramm jüngst mit der zunehmenden militärischen Kraft und wirtschaftlichen Bedeutung der Volksrepublik in der strategischen Langzeitplanung im Raum Asien/ Pazifik begründete.

Die Beziehungen zwischen Lateinamerika und China sind noch jüngeren Datums und festigten sich besonders im letzten Jahrzehnt. Vor dem APEC-Gipfel in Peru im November 2008 veröffentlichte die Volksrepublik ein Weißbuch über Lateinamerika und präzisierte die mit der Ausweitung der Kontakte verknüpften Ziele, u.a. eine engere Kooperation im Energie- und Bergbaubereich, eine Ausdehnung des Warenaustauschs und den Abschluss von bilateralen Freihandelsabkommen. Erstmalig wurde ein solches Abkommen mit Chile vereinbart, das bereits im Oktober 2006 in Kraft trat. Ein analoges Übereinkommen mit Peru wird voraussichtlich 2010 wirksam werden. China deckt einen größeren Teil seines Rohstoff- und Energiebedarfs einschließlich einiger Agrarerzeugnisse (Soja, Zucker, Fischmehl, Trauben) auch aus den Ländern Süd- und Zentralamerikas und beliefert die Märkte dieser Staaten mit Elektronik, Textilien, Spielzeug und anderen Artikeln. Haupthandelspartner sind Chile, Peru, Argentinien und Brasilien.

Abbildung 8:
Der Autor in Hongkong Island vor dem fantastischen Panorama
der 7-Millionen-Metropole

7. Literaturverzeichnis

Archiv der Gegenwart (1972), 42. Jg., Siegler & Co., Bonn-Bad Godesberg.

Archiv der Gegenwart (1989), 59. Jg., Siegler & Co., Sankt Augustin 3.

Archiv der Gegenwart (1990), 60. Jg., Siegler & Co., Sankt Augustin 3.

Armbrüster, Georg/Kohlstruck, Michael/Mühlberger, Sonja (Hrsg.) (2000): Exil Shanghai 1938 – 1947. Jüdisches Leben in der Emigration, Hentrich & Hentrich, Teetz.

Assmann, Jan (1997): Einleitung zur Veröffentlichung „Die Sendung Moses. Von der Aufklärung bis Thomas Mann" von Wolf-Daniel Hartwich, Fink, München, S. 9-16.

Ballhausen, Hanno u. Niebuhr-Timpe, Petra (Red.) (2004): Chronik des Zweiten Weltkriegs, erw. Neuausg., RM-Buch-und-Medien-Vertrieb (u.a.), Rheda-Wiedenbrück.

Barta, Winfried (1983): Zur Entwicklung des ägyptischen Kalender-wesens, in: Zeitschrift für Ägyptische Sprache und Altertums-kunde, Bd. 110, H. 1, Akademie-Verlag, Berlin, S. 16-26.

Beckerath, Jürgen von (1997): Chronologie des pharaonischen Ägypten. Die Zeitbestimmung der ägyptischen Geschichte von der Vorzeit bis 332 v. Chr., Philipp von Zabern, Mainz.

Bessell, Georg (1927): Geschichte Bremerhavens, F. Morisse, Bremerhaven.

Bieg, Lutz (1974): Die geistigen Kräfte des alten China: der Kon-fuzianismus, in: China. Auf dem Weg zur >Großen Harmonie<, hrsg. von Eduard J.M. Kroker, Kohlhammer, Stuttgart, S. 12-28.

Bille-De Mot, Eléonore (1965): Die Revolution des Pharao Echnaton, übers. aus dem Franz.: Hans Greiber, Callwey, München.

Brunner-Traut (Hrsg.) (2007): Die Stifter der großen Weltreligionen: Echnaton, Zarathustra, Mose, Jesus, Mani, Muhammad, Buddha, Konfuzius, Lao-tze; Neuausgabe, Herder, Freiburg im Breisgau.

Bundesministerium für Umwelt, Naturschutz und Reaktorsicherheit – BMU (April 2009): Deutsch-chinesische Klimapartnerschaft vereinbart, in: Umwelt, hrsg. v. BMU, Ref. Öffentlichkeits-arbeit, Berlin, S. 254-255.

Bundestags-Drucksache 16/9513 (6.6.2008): Antwort der Bundesregierung auf die Große Anfrage der Fraktion BÜNDNIS 90/DIE GRÜNEN: Zur China-Politik der Bundesregierung, Bundesanzeiger, Köln.

Bünger, Karl (Juni 1951): Die Verfassung der Chinesischen Volksrepublik von 1949, in: Zeitschrift für Ausländisches Öffentliches Recht und Völkerrecht, Bd. XIII, Nr. 4, W. Kohlhammer, Stuttgart-Köln, S. 759-785 u. S. 837-858.

Chatzimarkakis, Jorgo (2007): Europäischer Patriotismus – Unsere Interessen zwischen Amerika und China, LIT, Berlin.

Daim, Wilfried (1973): Die Chinesen in Europa, Jugend und Volk, Wien-München.

Domnick, Heinz-Joachim (Konzeption) (1994): China. Wiege des Wissens – 7000 Jahre Erfindungen und Entdeckungen, Sonderausgabe zur Ausstellung in Luzern, Arlt und Schiller, Berlin.

Eberhard, Wolfram (1996): Lexikon chinesischer Symbole. Die Bildsprache der Chinesen, Diederichs Gelbe Reihe, 5. Aufl., Eugen Diederichs, München.

Ehrlich, Lothar (1997): Das Goethe-Schiller-Denkmal in Weimar, in: Das Kyffhäuser-Denkmal 1896-1996 – Ein nationales Monument im europäischen Kontext, hrsg. v. Gunther Mai, Böhlau, Köln . Weimar . Wien, S. 263-277.

Elies, Stefanie (1997): Kulturelle Orientierung in kolonialer Unterdrückung. Die taiwanesische Kultur- und Sozialbewegung der japanischen Besatzungszeit und die 4.-Mai-Bewegung der kulturellen Erneuerung Chinas, hrsg. von edition cathay, Projekt, Dortmund.

Europäisches Parlament (2008/2171 (INI)): Entschließung vom 5. Februar 2009 zu den Handels- und Wirtschaftsbeziehungen mit China – www.europarl.europa.eu/sides/getDoc.do? ... = - //EP//..., abgefragt am 31.3.2009.

Fabritzek, Uwe G. (1/1975): Die Außenpolitik der Volksrepublik China, in: Politische Studien: Chinas Weg in die Weltpolitik, Sonderheft, Olzog, München, S. 58-79.

Feege, Anja (1992): Internationale Reaktionen auf den 4. Juni 1989 in der VR China – Zwischen Solidarisierung, Schweigen und Sanktionen, Mitteilungen des Instituts für Asienkunde, Nr. 207, Hamburg.

Felbert, Ulrich von (1986): China und Japan als Impuls und Exempel. Fernöstliche Ideen und Motive bei Alfred Döblin, Bertolt Brecht und Egon Erwin Kisch, Peter Lang, Frankfurt am Main.

Findeisen, Raoul David (2006): ,Revorevorevolution' – eine polemische Literaten-Episode aus der chinesischen Republik-Zeit, in: Über Himmel und Erde. Festschrift für Erling von Mende, hrsg. v. Raimund Th. Kolb und Martina Siebert, Harrassowitz, Wiesbaden.

Geschichte der Arbeiterbewegung in Hessen e.V.: Ausstellung: Aufbruch in Zeittakt. 110 Jahre Maifeier 1890 – 2000, Gestaltung: Gerhard Beier u. Dietmar Mohr, eröffnet am 1. Mai 2000 im Freilichtmuseum Hessenpark, Neu-Anspach – www.hochtaunus.net/dgb/Dokumente/DOK2.pdf, abgerufen am 3. Februar 2009.

Grießler, Margareta (1996): China. Alles unter dem Himmel – Eine Reise durch 5000 Jahre Kultur und Geschichte, 2. durchgesehene u. erg. Aufl., Jan Thorbecke, Sigmaringen.

Guang, Pan u.a. (Ed.) (1995): The Jews in Shanghai, Shanghai Pictorial Publishing House.

Habachi, Labib (2000): Die unsterblichen Obelisken Ägyptens, überarbeitete und erweiterte Neuauflage von Carola Vogel, Philipp von Zabern, Mainz.

Helck, Wolfgang/Westendorf, Wolfhardt (Hrsg.) (1980 u. 1986): Lexikon der Ägyptologie, Bd. III u. VI, Otto Harrassowitz, Wiesbaden.

Herold, Heiko (2004): Deutsche Kolonial- und Wirtschaftspolitik in China 1840 bis 1914. Unter besonderer Berücksichtigung der Marinekolonie Kiautschou, Ozeanverlag Herold, Köln.

Herzberg, Wolfgang u. zur Mühlen, Patrik von (Hrsg.) (1993): Auf den Anfang kommt es an – Sozialdemokratischer Neubeginn in der DDR 1989. Interviews und Analysen, J.H.W. Dietz Nachf., Bonn.

historicum.net/Herder-Institut, http://www.herder-institut.de/ historicum/polen/quellen.html, abgerufen am 4.12.2008.

Hyman, Abraham S. (1948-49): Displaced Persons, in: American Jewish Year Book, Ed.: American Jewish Committee, Philadelphia, S. 455-473.

Jacq, Christian (2000): Nofretete und Echanton. Ein Herrscherpaar im Glanz der Sonne, deutsche Übers, v. Riek Walther, Rowohlt, Reinbek b. Hamburg.

84

Jewish Virtual Library (2008): The Central Committee of the Liberated Jews (1945 – 1950), a Division of the American-Israeli Cooperative Enterprise, Chevy Chase, Maryland - http://www.jewishvirtuallibrary.org/jsource/Holocaust/centralcomm.html, abgefragt am 26.11.2008.

Kaminski, Gerd u. Unterrieder, Else (1980): Von Österreichern und Chinesen, Europaverlag, Wien.

Khanna, Parag (2008): Der Kampf um die Zweite Welt. Imperien und Einfluss in der neuen Weltordnung, aus dem Amerik. v. Thorsten Schmidt, Berlin Verlag, Berlin.

Köhler, Horst, Bundespräsident (2009): „1848 – Erbe und Verpflichtung", Rede beim Festakt „Frankfurt – Weimar – Bonn – Berlin, Deutschlands Weg zur Demokratie" aus Anlass des 160. Jahrestages der ersten deutschen Verfassung am 27. März 2009 in Frankfurt am Main, Bundespräsidialamt, Berlin, www.bundespraesident.de.

Kolonko, Petra (8. September 2008): China „erstaunlich offen" – Bundespräsident Köhler erfreut Peking, Frankfurter Allgemeine Zeitung (F.A.Z.), Nr. 210, S. 7.

Kolta, Kamal Sabri (1993): Von Echnaton zu Jesus. Auf den Spuren des Christentums im alten Ägypten, mit einer Einleitung von Manfred Görg, Erich Wewel, München.

Kreissler, Françoise (1989): Nationalsozialisten in China: Ein verdrängtes Kapitel der Geschichte der deutsch-chinesischen Beziehungen?, in: China – Nähe und Ferne – Deutsch-chinesische Beziehungen in Geschichte und Gegenwart, zum 60. Geburtstag von Kuo Heng-yü, Peter Lang, Frankfurt am Main,, S. 265-274.

Lawrow, Sergei Wiktorowitsch, Außenministers Russlands (27. März 2009): Interview, file:///W:/c3257038003b6dacc325758c003b1183.htm, abgerufen am 22. April 2009.

Leutner, Mechthild (Hrsg.) (1998): Deutschland und China 1937 – 1949. Politik – Militär – Wirtschaft – Kultur. Eine Quellensammlung, bearb. von Wolfram Adolphi und Peter Merker, Akademie, Berlin.

Lü, Longpei (1982): Brecht in China und die Tradition der Peking-Oper, Dissertation an der Universität Bielefeld.

Maihofer, Werner; Bundesinnenminister (1976): Rede zur Eröffnung der Ausstellung „Nofretete – Echnaton", BMI-Dokumentation: Nr. 12/1976, Ref. Öffentlichkeitsarbeit, Bonn.

Mainzer, Klaus (1988). Symmetrien der Natur. Eine Handbuch zur Natur- und Wissenschaftsphilosophie, Walter de Gruyter, Berlin, New York.

Marahrens, Walter/Ax, Christine/Buck, Gerhard (Hrsg.) (1991): Stadt und Umwelt – Aspekte einer europäischen Stadtpolitik, Reihe: Stadtforschung aktuell, Bd. 32, Birkhäuser, Basel . Boston . Berlin.

Meier, Richard (2002): Gesellschaftliche Modernisierung in Goethes Alterswerken »Wilhelm Meisters Wanderjahre« und »Faust II«, Reihe Cultura, Bd. 23, Rombach, Freiburg im Breisgau.

Meisig, Konrad (Hrsg.)(2005): Chinesische Relgion und Philosophie. Konfuzianismus – Mohismus – Daoismus – Buddhismus. Grundlagen und Einblicke, Harrassowitz, Wiesbaden.

Meißner, Werner (Hrsg.) (1995): Die DDR und China 1949 bis 1990. Politik – Wirtschaft – Kultur. Eine Quellensammlung, bearb. von Anja Feege, Akademie, Berlin.

Mendelsohn, John/Detwiler, Donald S. (Hrsg.) (1982): The Holocaust: 14. Relief and Rescue of Jews from Nazi Oppression 1943 – 1945, Selected Documents in Eighteen Volumes, Garland Publishing, New York, London.

Misselwitz, Hans (April 1997): Nicht länger mit dem Gesicht nach Westen – das neue Selbstbewusstsein der Ostdeutschen, in: Utopie kreativ, H. 78, S. 5-13.

Overesch, Manfred u.a. (1986): Das besetzte Deutschland 1948 – 1949, Reihe: Droste Geschichts-Kalendarium. Chronik deutscher Zeitgeschichte, Bd. 3/II, Droste, Düsseldorf.

Paul, Gregor/Woesler, Martin (Hrsg.) (2000): Zwischen Mao und Konfuzius? Die Geschichte der Volksrepublik China als Resultat und Reflex von Tradition und Neuerung, eine Veröffentlichung der Deutschen China-Gesellschaft, MultiLingua, Bochum.

Pawlitta, Manfred (1993): Entwicklungsgeschichte der oberschlesischen Montanwirtschaft, dargestellt am Beispiel des hohenlohischen Industrieimperiums, in: Hohenlohe in Oberschlesien, Fürsten – Bauten – Bergleute. Historische und volkskundliche Momentaufnahmen 1782 – 1945, Begleitheft zur Ausstellung,

Haus der Heimat des Landes Baden-Württemberg, Stuttgart, S. 16-23.

Pilny, Karl (04/2006): Die Renaissance des Konfuzianismus, in: Cicero – Magazin für politische Kultur, Online Exklusiv – http://www.cicero.de/839.php?ausgabe=04/2006.

Rau, Johannes, Bundespräsident (1999): Grußwort am 9. Nov. 1999 vor der Synode der Evangelischen Kirche (EKD) in Deutschland – http://www.bundespraesident.de/dokumente/-,2.12021/ Rede/dokument.htm.

Reichwein, Adolf (1923): China und Europa: Geistige und künstlerische Beziehungen im 18. Jahrhundert, Oesterheld & Co., Berlin.

Sandschneider, Eberhard (2007): Globale Rivalen. Chinas unheimlicher Aufstieg und die Ohnmacht des Westens, Carl Hanser, München.

Schäfer, Jochem (2001): Der Peterzug: Dem Nationalfeiertag besonders verbunden – Der 3. Oktober als Tag der Deutschen Einheit, M.-G. Schmitz, Kelkheim.

Schäfer, Jochem (2004): Den Frieden sichern: Plädoyer für eine natur- und umweltfreundliche Zukunft, 2. Aufl., M.-G. Schmitz, Kelkheim.

Schäfer, Jochem (Juli 2004): Das internationale Nichtverbreitungsregime von Massenvernichtungswaffen im Wandel: Trinity, Hiroshima und Nagasaki als bleibendes zeitloses Fundament, M.-G. Schmitz, Kelkheim.

Schäfer, Jochem (April 2005): Eine weitsichtige Städtepartnerschaft zwischen Herborn und Pertuis: Die Grundrechte in der Europäischen Union, M.-G. Schmitz, Kelkheim.

Schäfer, Jochem (Dezember 2005): Aus heutiger Sicht: Musik und Politik im Dritten Reich – Die Familie Schäfer im Widerstand, M.-G. Schmitz, Kelkheim.

Schäfer, Jochem (2006): Der 3. Oktober ein weltweites Symbol für den friedlichen Dialog, Schmitz, Kelkheim.

Schäfer, Jochem (Juli 2008): Europäische Perspektiven: Der 1989er Salzmarsch in Deutschland und Mittel- und Osteuropa und die zukunftsweisende Bürgerkommunikation in der EU, M.-G. Schmitz, Nordstrand/Nordsee.

Scheler, Wolfgang (2004): Konfrontative oder gemeinsame Sicherheit, in: Gemeinsame Sicherheit – ein schwieriger Lernprozess, Prof. Dr. Rolf Lehmann zum 70. Geburtstag, Hrsg.:

Dresdener Studiengemeinschaft Sicherheitspolitik e.V. (DSS), DSS-Arbeitspapiere: Heft 70, Dresden, S. 52-60.

Scheper, Burchard (März 1966): Goethe ließ sich Hafenpläne schicken – Die geschichtliche Bedeutung der Gründung Bremerhavens und Johannes Jacobus van Ronzelens, in: Niederdeutsches Heimatblatt, Nr. 195, S. 2.

Schilling, Werner (1971): Einst Konfuzius. Heute Mao Tse-Tung – Die Mao-Faszination und ihre Hintergründe, Otto Wilhelm Barth, Weilheim/Oberbayern.

Schmidt-Glintzer, Helwig (2006): Konfuzius – Gemeinschaftskunst im alten China, in: Ma'at . Konfuzius . Goethe – Drei Lehren für das richtige Leben, von Jan Assmann u.a., Insel, Frankfurt am Main, S. 71-100.

Schneider, Hans D. (2000): Echnatons Gott, in: Pharaonen der Sonne. Echnaton – Nofretete – Tutanchamun: Vernissage – Die Zeitschrift zur Ausstellung im Rijksmuseum in Leiden (NL), Nr. 17/00, 8. Jg., Vernissage-Verlag, Heidelberg, S. 34-43.

Schröder, Richard (o.J.): Die Ökumenische Versammlung für Gerechtigkeit, Frieden und Bewahrung der Schöpfung in der DDR, Arbeitsgruppe 3: Mehr Gerechtigkeit in der DDR – unsere Aufgabe, unsere Erwartung; www.2.hu-berlin.de/theologie/schroeder/oekvers.pdf, abgerufen am 5. Februar 2009.

Schwarz, Hans-Günther (2003): Der Orient und die Ästhetik der Moderne, Judicium, München.

Simon, Hermann (1997): Die Neue Synagoge Berlin. Geschichte – Gegenwart – Zukunft, Reihe: Deutsche Vergangenheit, Stätten der Geschichte Berlins, Bd. 68, 3. erg. Aufl., Hentrich, Berlin.

Staiger, Brunhild (1969): Das Konfuzius-Bild im kommunistischen China. Die Neubewertung von Konfuzius in der chinesisch-marxistischen Geschichtsschreibung, Otto Harrassowitz, Wiesbaden.

Staiger, Brunhild u.a. (Hrsg.) (2008): Das große China-Lexikon. Geschichte · Geographie · Gesellschaft · Politik · Wirtschaft · Bildung · Wissenschaft und Kunst, Sonderausgabe, Wissenschaftliche Buchgesellschaft, Darmstadt.

Stephan, Frédéric (2002): Die Europavorstellungen im deutschen und französischen Widerstand gegen den Nationalsozialismus 1933/40 bis 1945, Dissertation, Historisches Institut der Universität Stuttgart.

88

Taddey, Gerhard (1993): Hohenlohe und Schlesien, in: Hohenlohe in Oberschlesien, a.a.O., S. 7-15.

Temple, Robert K.G. (1988): Das wissenschaftliche Genie Chinas, in: UNESCO Kurier, 29. Jg., Nr. 10, Freemedia, Bern, S. 4-6.

Tomson, Edgar/Su Jyun-hsyong (1972): Regierung und Verwaltung der Volksrepublik China, Wissenschaft und Politik, Köln.

Tsetung, Mao (1977): Ausgewählte Werke, Bd. V, Verlag für Fremdsprachige Literatur, Peking.

Uracb, A. von (1949): Meister Kung, Die Zeit v. 24.11.1949, Nr. 47, S. 2 – www.zeit.de/1949/47/index, abgerufen am 2.3.2009.

Verwaltung der Staatlichen Schlösser und Gärten (1973): China und Europa. Chinaverständnis und Chinamode im 17. und 18. Jahrhundert, Katalog über die Ausstellung im Schloss Charlottenburg, Berlin.

Wachsmuth, Curt (1895): Einleitung in das Studium der Alten Geschichte, S. Hirzel, Leipzig.

Wacker, Gudrun (April 2008): China als Global Player, in: Schneller, höher, weiter: China überholt sich selbst, hrsg. von Nora Sausmikat und Klaus Fritsche, Asienstiftung (Essen), in Zusammenarbeit mit dem Netzwerk „EU-China: Civil Society Forum", S. 18-21.

Walle, B. van de (1976): Historischer Überblick, in: Nofretete · Echnaton, Ausstellungskatalog, Ägyptisches Museum der Staatlichen Museen Preußischer Kulturbesitz, Berlin.

Wickert, Erwin (Hrsg.) (2008): John Rabe. Der gute Deutsche von Nanking, Pantheon, München.

Wilhelm, Richard (2007): Chinesische Philosophie – Eine Einführung, Marix, Wiesbaden.

Willmann, Birgit (Red.) (1997): Chronik Handbuch. Daten der Weltgeschichte, 2. überarb. u. aktual. Aufl., Chronik, Gütersloh/ München.

Wilpert, Gero von (1998): Goethe-Lexikon, Alfred Kröner, Stuttgart, S. 118.

Wimmer, Otto u. Melzer, Hartmann (1988): Lexikon der Namen und Heiligen, bearb. u. erg. von Josef Gelmi – 6. verb. u. erg. Aufl., Tyrolia, Innsbruck, Wien.

Wollny, Peter (2000): Passio D.N.J.C. secundum Matthaeum »Matthäus-Passion« - BWV 244 – BCD 3a-b, in: Oratorienführer, hrsg. von Silke Leopold und Ullrich Scheideler; Metzler, Stuttgart, und Bärenreiter, Kassel, S. 27-29.

www.hochtaunus.net/dgb/Dokumente/DOK2.pdf, abgerufen am 3. Februar 2009.

Yang, Jai-Hyuck (1983): Der Begriff der Natur in der Lehre von Mao Tse-Tung und seine Wurzeln in der altchinesischen Philosophie, Dissertation, Universität Karlsruhe.

Yang, Wuneng (2000): Goethe in China (1889-1999), Peter Lang, Frankfurt am Main.

Yü-Dembski, Dagmar (1989): Chinesische Intellektuelle in Deutschland 1922 – 1941, in: China – Nähe und Ferne, a.a.O., S. 239-263.

Zeng, Jinshou (2003): Chinas Musik und Musikerziehung im kulturellen Austausch mit den Nachbarländern und dem Westen, Dissertation an der Universität Bremen.

Zenger, Erich (2001): Gemeinsamkeiten und Unterschiede: Echnaton und Mose, in: Echnaton und Nofretete. Pharaonen des Lichts, Welt und Umwelt der Bibel. Archäologie – Kunst – Geschichte, Schriftleitung: Jan Assmann, Kath. Bibelwerk, Stuttgart, S. 26-30.

Zhang, Yi (2007): Rezeptionsgeschichte der deutschsprachigen Literatur in China von den Anfängen bis zur Gegenwart, Peter Lang, Bern.

Zhu, Hong (1994): Schiller in China, Peter Lang, Frankfurt am Main.

Zivie, Alain (2001): Echnaton, ein Pharao hinter dem Schleier der Jahrtausende, in: Echnaton und Nofretete. Pharaonen des Lichts, a.a.O., S. 4-9.

Zur Mühlen, Patrik von (1998): Ostasien, in: Handbuch der deutschsprachigen Emigration 1933 – 1945, hrsg. von Claus-Dieter Krohn u.a. in Zusammenarbeit mit der Gesellschaft für Exilforschung, Primus, Darmstadt, S. 336-349.

Der Autor wirkte in den vergangenen Jahrzehnten bei maßgeblichen friedens- und umweltpolitischen Ereignissen und Entscheidungen mit. Herausragend waren der Camp-David-Frieden zwischen Ägypten und Israel und die Öffnung der Berliner Mauer mit der deutschen Wiedervereinigung und der friedlichen Auflösung des Warschauer Pakts. In der zweiten Hälfte der siebziger Jahre war er u.a. an der Ständigen Vertretung der Bundesrepublik und als Arbeitsgruppenvorsitzender des EG-Ministerrats während der deutschen Präsidentschaft in Brüssel tätig. In den Jahren 1989/90 beriet er eine Task Force unabhängiger Sachverständiger auf EG-Ebene zum Binnenmarkt- und grenzüberschreitenden Umweltschutz und nahm an Tagungen des EG-Umweltministerrats teil. Einige Jahre war er Geschäftsführer der Hessischen Stiftung für Naturschutz und von 1981 bis 1985 Ausschussvorsitzender für Landwirtschaft und Umwelt im Kreistag des Lahn-Dillkreises und Bauausschussvorsitzender im Stadtparlament von Herborn. Die feierliche Eröffnung des Beitrittsprozesses zur Europäischen Union für zehn mittel- und osteuropäische Staaten fand nach dem demokratischen Umbruch in den Jahren 1989 bis 1991 an seinem fünfzigsten Geburtstag (1998) im EU-Außenministerrat in Brüssel statt.

Juli 2009

Jochem Schäfer, Ministerialrat a.D.
Mühlwiesenstr. 13
60488 Frankfurt am Main
Tel. 069/78 80 10 88